RAPHAEL MATTOS

PREFÁCIO DE JOEL JOTA

VENDER, LUCRAR, ESCALAR

COMO USAR A ECONOMIA DE ESCALA PARA MAXIMIZAR SEU CRESCIMENTO E LUCRATIVIDADE

Diretora
Rosely Boschini

Gerente Editorial Sênior
Rosângela de Araujo Pinheiro Barbosa

Editora
Carolina Forin

Assistente Editorial
Monique Oliveira Pedra

Produção Gráfica
Leandro Kulaif

Preparação
Elisabete Franckzac

Capa
Plinio Ricca

Projeto Gráfico
Márcia Nickel

Adaptação e Diagramação
Vivian Oliveira

Revisão
Wélida Muniz

Impressão
Edições Loyola

CARO(A) LEITOR(A),
Queremos saber sua opinião
sobre nossos livros.
Após a leitura, siga-nos no
linkedin.com/company/editora-gente,
no TikTok **@editoragente**
e no Instagram **@editoragente**,
e visite-nos no site
www.editoragente.com.br.
Cadastre-se e contribua com
sugestões, críticas ou elogios.

Copyright © 2024 by Raphael Mattos
Todos os direitos desta edição
são reservados à Editora Gente.
Rua Deputado Larcerda Franco, 300
Pinheiros – São Paulo, SP
CEP 05418-000
Telefone: (11) 3670-2500
Site: www.editoragente.com.br
E-mail: gente@editoragente.com.br

Dados Internacionais de Catalogação na Publicação (CIP)
Angélica Ilacqua CRB-8/7057

Mattos, Raphael
Vender, lucrar, escalar : como usar a economia de escala para maximizar
seu crescimento e lucratividade / Raphael Mattos. –– São Paulo : Editora
Gente, 2024.
208 p.

ISBN 978-65-5544-485-8

1. Negócios 2. Empreendedorismo I. Título

24-2078   658.9

Índices para catálogo sistemático:
1. Negócios

NOTA DA PUBLISHER

Eu ainda não tinha parado para pensar na ideia de que todo negócio deveria nascer com o espírito de franquia. Quando conheci a metodologia do Raphael Mattos, compreendi que qualquer empreendimento deve ser estruturado para que esteja sempre pronto para expandir.

E isso não significa que você precisa ter esse desejo de ampliação, e sim que todos os processos do seu time e dos seus produtos ou serviços devem estar tão bem mapeados e registrados que poderiam ser reproduzidos por outras pessoas, em outras unidades, hoje mesmo, sem nenhuma perda de qualidade ou produtividade.

Franqueador com mais de cem unidades no país e atualmente o maior influenciador nacional sobre o assunto nas mídias sociais, Raphael é especialista em franchising e já criou três empresas que ultrapassaram o primeiro milhão em faturamento – e não pretende parar por aí. Com toda essa expertise, ele criou o método que apresenta neste livro com base na economia de escala e dentro da trilha SCALE (Sobrevivência, Confirmação, Aceleração, Lucro e Exit).

Essa movimentação de crescimento exponencial pode ser aquela descarga de energia de que você estava precisando para desenvolver o seu negócio. Espero que você aplique no seu empreendimento tudo o que aprender aqui e aproveite o sucesso que certamente vai atingir em decorrência disso. Está pronto para começar?

ROSELY BOSCHINI
CEO e Publisher da Editora Gente

SUMÁRIO

Prefácio	5
Introdução	9

01. Choque de realidade	21
02. Um raio não cai duas vezes no mesmo lugar – ou cai?	33
03. Não seja enganado pelos trovões que vêm antes dos raios	43
04. Transforme o seu negócio em um condutor de energia	55
05. Serviço	83
06. Cultura	93
07. Associação	119
08. Lucratividade	133
09. Educação	145
10. Todo negócio deve nascer como uma franquia	157
11. Tudo começa com um sonho...	189
12. ... E uma dose de coragem	201

PREFÁCIO

Prefaciar este livro é uma oportunidade incrível de compartilhar minha visão sobre o Raphael Mattos, uma figura extraordinária no cenário do empreendedorismo. O Rapha, como carinhosamente o chamo, é um exemplo vivo de determinação, resiliência e visão de futuro. Eu o conheci em um momento crucial da carreira dele, e desde então essa trajetória tem sido uma fonte inesgotável de inspiração e aprendizado.

Nosso país é um verdadeiro celeiro de boas ideias e de um povo trabalhador e empreendedor. Mais da metade dos brasileiros têm o desejo de empreender, e muitos já estão nessa jornada, de modo formal ou informal. A vontade de solucionar problemas e identificar oportunidades é o que move as pessoas a iniciar um negócio, sempre em busca de liberdade, melhores condições para a família e dignidade para viver com qualidade.

O caminho do empreendedorismo, no entanto, não é fácil. Dados mostram que mais de 50% das empresas no Brasil fecham em até dois anos de atividade, principalmente por falta de planejamento. Entender do negócio não significa, necessariamente, entender de negócios. As competências exigidas são vastas e diversificadas, e o comportamento do consumidor muda rapidamente. A tecnologia, que dobra de velocidade a cada dezoito meses, impõe a necessidade constante de atualização, planejamento e conhecimento de mercado.

O sucesso de um negócio não se constrói apenas com vontade. É preciso aplicar metodologias comprovadas, sistemas eficazes e educação guiada por empreendedores que já trilharam esse caminho. Minha própria jornada empresarial me ensinou que, para alcançar a excelência, é fundamental adotar uma postura de eterno estudante, sempre em busca de novas habilidades e competências. Um negócio bem-sucedido não só resolve problemas, mas também constrói liberdade.

O sonho de todo empresário é alcançar a liberdade financeira, que permite sustentar vontades, desejos e necessidades. Depois, vem a liberdade de tempo, que possibilita aproveitar os momentos com as pessoas amadas. Por fim, a liberdade geográfica, que permite estar em qualquer lugar do mundo trabalhando e crescendo.

CONHECENDO RAPHA MATTOS

O primeiro encontro que tive com o Rapha foi em um evento. Ele estava no palco, recebendo uma premiação por ter uma das franquias que mais cresceram nos doze meses anteriores. Com uma solução aparentemente simples, mas resultados indiscutíveis, Rapha mostrou o poder da escala em um pacote de pão. Ele vem de uma família que já atua com franquias de sucesso há décadas, e agora decidiu compartilhar neste livro todo o conhecimento que tem na área.

Rapha sempre me disse que todos os negócios podem ser escaláveis, desde que tenham um sistema, uma metodologia e um modelo adequado de negócio. Ele não fala apenas de franquias, mas de todos os negócios. Esta obra é uma reflexão profunda sobre negócios vencedores e um guia prático, como se o Rapha fosse o seu treinador, orientando você diretamente sobre o que fazer, quais indicadores observar e como liderar a sua equipe.

Rapha é um empreendedor e estudioso de liderança, influência e cultura corporativa. Este livro é para empreendedores, intraempreendedores e todos aqueles que acreditam em mudar a comunidade através do trabalho. A tese é simples: todos os negócios podem ser escaláveis.

Se você acredita no que estou falando ou tem curiosidade no assunto, prepare-se. As próximas páginas trarão evidências, diretrizes e boas práticas para aplicar no seu negócio, independentemente do tamanho dele, de onde você está e do seu nível de maturidade. A maturidade virá com a leitura.

Neste material, Rapha compartilha anos de experiência e aprendizado no campo do empreendedorismo. Ele aborda desde a importância de um planejamento estratégico sólido até as nuances da gestão de pessoas e a construção de uma cultura organizacional forte. Cada capítulo é uma peça do quebra-cabeça que, quando montado, revelará uma visão clara e prática de como construir um negócio escalável e sustentável.

O livro é repleto de estratégias práticas que você pode aplicar imediatamente no seu negócio. Desde técnicas de marketing e vendas até a gestão eficiente de recursos e a otimização de processos, Rapha fornece um roteiro detalhado para você seguir. Ele compartilha histórias de sucesso e de fracasso, mostrando que cada desafio é uma oportunidade de aprendizado e crescimento.

Uma das mensagens mais poderosas deste livro é a importância da inovação contínua e da adaptação às mudanças do mercado. Rapha enfatiza que, em um mundo em constante evolução, a capacidade de inovar e se adaptar é crucial para o sucesso de longo prazo. Ele compartilha exemplos de empresas que souberam se reinventar e prosperar, oferecendo insights valiosos sobre como manter o seu negócio relevante e competitivo.

Rapha também destaca o poder do networking e das parcerias estratégicas. Ele mostra como construir e manter relacionamentos sólidos pode abrir portas e criar oportunidades para o crescimento do negócio. Além disso, oferece dicas de como identificar e cultivar parcerias que agreguem valor e fortaleçam a sua posição no mercado.

Outro aspecto fundamental abordado aqui é a construção de uma cultura de sucesso dentro da organização. Rapha acredita que a cultura corporativa é a base de qualquer negócio bem-sucedido, por isso compartilha estratégias para criar um ambiente de trabalho positivo, motivador e alinhado com os valores e os objetivos da empresa. Uma cultura forte não apenas atrai e retém talentos, mas também impulsiona a produtividade e o engajamento dos funcionários.

UM GUIA PARA A EXCELÊNCIA EMPRESARIAL

Este livro é um verdadeiro guia para a excelência empresarial. É uma leitura obrigatória para qualquer pessoa que queira levar o próprio negócio ao próximo nível. Raphael Mattos compartilha conhecimento e experiência de maneira clara e acessível, oferecendo um roteiro detalhado para construir um negócio escalável e sustentável.

Prepare-se para uma jornada de aprendizado e transformação. As próximas páginas vão desafiar você a pensar de maneira diferente, a questionar as suas suposições e a adotar novas práticas que podem revolucionar o seu negócio. Este livro não é apenas uma leitura, é um manual de ação.

Aproveite esta viagem transformadora. E, antes de terminar este livro, tenho certeza de que você será uma pessoa diferente. Bom voo!

Joel Jota

INTRODUÇÃO

A energia de um sonho é surreal e muito poderosa.

Use essa força como guia nesta leitura e na sua vida.

Se você procurar o meu nome no Google, vai encontrar coisas do tipo: o maior youtuber de franquias do Brasil, fundador da PremiaPão, cofundador da Revolução Digital, participante do Shark Tank Brasil,[1] sócio na Konioca, investidor, mentor, palestrante e por aí vai. Se descer um pouco mais a página, vai se deparar com: pai de quatro meninas. Sei que essa última informação pode ter chocado você, e eu adoro ver as caras de espanto quando espalho essa notícia. Antes de qualquer cargo ou posição, sou pai da Julieta, da Angelina, da Dulce e da Celeste, em ordem de chegada. Elas e minha esposa, a Gryma, essas cinco mulheres maravilhosas, me ensinam a ser um novo empreendedor todos os dias e, mais do que isso, uma pessoa melhor a cada oportunidade.

O Rapha pai ensina o Rapha empreendedor a ser um melhor ouvinte, um líder mais completo, mais paciente e mais visionário. Se eu pudesse sintetizar a paternidade elevada à quarta potência, diria que ela me trouxe duas grandes lições: paciência e liderança. Conduzido por essas duas forças, encaro todos os negócios e as oportunidades que surgem e que busco.

Quando é iniciada a abertura de uma empresa, todos têm pressa para que o negócio se consolide e ganhe fama em tempo recorde. Não é assim? Hoje, a cultura do imediatismo acelera a necessidade

---

[1] Versão brasileira do *reality show* estadunidense no qual empreendedores apresentam ideias e buscam convencer potenciais investidores, os "tubarões", a financiá-las.

e as expectativas em relação aos resultados. Tudo deve ser instantâneo e instagramável. Entretanto, assim como é preciso ter paciência com uma criança e não exigir dela a maturidade de um adulto, deve-se esperar também o desenvolvimento de um negócio. Existe um tempo para cada fase; isso precisa ser respeitado e, principalmente, compreendido.

A liderança se encaixa perfeitamente na criação de uma criança. A criança não aprende valores e atitudes se apenas ditamos o que é certo e o que é errado ou o que deve e o que não deve ser feito. É preciso que ela tenha exemplos a serem seguidos para aprender de fato. Assim também é com a liderança de uma empresa, que deve ser exemplo aos colaboradores. A cultura de um negócio não é absorvida de cima para baixo, por meio do nem tão antigo assim "manda-obedece". Ela é construída pelas atitudes no dia a dia, pelas palavras passadas adiante, pelo comportamento frente aos desafios e às conquistas.

Os valores que fundaram uma empresa devem ser vivenciados todo dia por aqueles que estão no gerenciamento. Somente desse modo a cultura da marca pode ganhar força e longevidade.

Só agora percebi que ainda não comentei o porquê deste livro e qual é a minha trajetória profissional. Foi automático falar antes do meu porquê como ser humano e dos meus valores, já que sem isso eu não poderia seguir adiante, nem nesta obra nem na vida. Sendo assim, é hora de apresentar outra coisa que me orgulha até aqui: a minha trajetória profissional – com todos os contratempos envolvidos.

Já adianto que não estou aqui para ensinar a abrir uma franquia nem a fazê-la crescer. Eu me proponho a ir além. Estou diante de você para compartilhar os meus conhecimentos e as minhas experiências e mostrar que é possível escalar o seu sonho aplicando da melhor forma a sua energia e o seu know-how.

E o que me dá a segurança de estar aqui falando tudo isso? Desde os dez anos, respiro o mundo das franquias. A minha família tem negócios há mais de trinta anos. Meu pai é até hoje empreendedor de uma franquia de sucesso. Quando eu era criança, ele me levava para as grandes feiras do setor. Eu amava (e ainda amo) aquela atmosfera única com cheiro de oportunidades. Fui, aos poucos, aprendendo as regras do jogo e me interessando cada vez mais por esse mundo.

Antes que você pense que tive uma trajetória linear e que comecei desde cedo a trabalhar nos negócios da família, lamento desapontar as suas expectativas. Provavelmente teria sido mais fácil, mas talvez eu não tivesse tanto a compartilhar nem teria este livro para colocar no mundo.

Fui uma criança muito tímida e introspectiva até os catorze anos, quando comecei a jogar vôlei. Prestes a entrar na faculdade, consegui uma bolsa de estudos de atleta para jogar nos Estados Unidos e fui morar em Nova Jersey. Aquele menino que tinha medo de tudo teve que aprender a se relacionar com pessoas diferentes em outra língua. Foi uma experiência que definitivamente me libertou. Passei quatro anos no exterior estudando Administração com ênfase em Marketing e Empreendedorismo. Joguei vôlei por duas universidades e viajei o país atuando nas maiores ligas e conferências. Na volta, já formado, pedi emprego ao meu pai certo de que ele me receberia de braços abertos. Ele até me recebeu de braços abertos, mas me disse: "Rapha, vá aprender no mercado. Depois a gente conversa.".

Naquele momento, eu já estava com a ideia fixa de empreender. Resolvi tocar um projeto que eu havia criado nos Estados Unidos com um amigo no último ano de faculdade. Lá tínhamos uma aula chamada *Small Business and Entrepreneurship* [empreendedorismo e pequenos negócios, em tradução livre]. Éramos estimulados com *cases* de sucesso de vários negócios pequenos que cresceram nos Estados Unidos, além de provocados a pensar em ideias novas de negócios. Até que chegou o momento em que a gente precisou fazer uma apresentação real de um *business plan*. Pensei: "Já que vou parar para fazer uma apresentação, vou fazer logo para um negócio em que acredito. Quem sabe eu possa implantar na prática", sonhando já com esse projeto no Brasil.

Um dos *cases* que vi nessa aula foi de uma empresa chamada You Break I Fix, de acessórios de reparo e assistência técnica de iPhone, que estava ainda na terceira versão. Como nem a própria Apple prestava esse tipo de serviço, e as pessoas precisavam do conserto quando a tela do aparelho quebrava, essa companhia cresceu muito. Assim, vi que seria uma oportunidade, porque ainda não havia nenhum negócio do tipo no Brasil. Como se eu estivesse vendo o futuro, senti que era o timing perfeito para investir naquele negócio. Pensei: "Aprendo a fazer aqui e levo para o Brasil como um dos pioneiros. O futuro é crescer".

Fiz o *business plan*, montei a marca, criei o nome e chamei um cara que jogava comigo para ser meu sócio. Ele gostou da ideia, e a gente criou a sociedade, porém sem contrato, sem regras, sem nada, só meio a meio, como a maioria das pessoas ainda faz. A gente entrou com o mesmo investimento, com o mesmo tempo de trabalho, para aprender juntos a desenvolver o negócio.

O nosso primeiro investimento foi um celular quebrado e uma tela nova, que compramos por US$ 50 só para aprender a abrir, fechar e consertar o aparelho. Tivemos que recorrer ao YouTube, porque nunca fui daquelas crianças que montam e desmontam tudo o que veem pela frente. Treinei tudo o que eu podia e, enfim, me senti pronto para oferecer os primeiros reparos na mesa da minha sala. Segure o riso, que agora é a parte engraçada de verdade. Comecei a divulgar na faculdade e em uma plataforma chamada Classless, como se fosse a OLX de lá.

A primeira cliente me ligou, e marcamos para ela entregar o aparelho na minha casa. Quando ela tirou o celular da bolsa, vi que era um iPhone 4. Eu só tinha treinado em um iPhone 3G. Falei para ela voltar em uma hora, para eu ter tempo de pesquisar como consertar aquele modelo. A minha tentativa de ganhar tempo não deu certo. Ela preferiu ficar esperando lá em casa. Respirei fundo, ela se sentou na minha frente e eu me agarrei no tutorial para tentar consertar o aparelho. O que deveria durar quarenta minutos, conforme o tutorial, levou uma hora e cinquenta minutos. Eu suando, ela perguntando se estava tudo bem e o tempo passando. Quando fechei o último parafuso do aparelho e apertei o *power button*, só pedi a Deus uma coisa: "Mostre a maçã mordida, por tudo o que é mais sagrado!". Caso contrário, eu não saberia o que fazer. Quando a maçã apareceu, eu dei um grito e me senti invencível.

A partir daí, fiz o meu primeiro negócio. Levamos a marca iHelpU para o Brasil e passamos seis meses operando no Rio Grande do Sul. Além de aprender a sobreviver em baixas temperaturas (considerando que sou de Pernambuco), aprendi na marra, com 23 anos, como uma sociedade ideal deve ser e como não deve ser. Após um tempo, tive a primeira desilusão amorosa nos negócios, quando vendi minha parte da sociedade (hoje a marca vale milhões e conta com várias unidades no Rio Grande do Sul) e fui chorar com o meu pai. Ele me orientou a seguir em frente, porque eu seria muito maior do que aquele negócio. Já que eu estava ali com ele, pedi novamente uma oportunidade de trabalho. Ele me disse outro "não".

Em vez de ficar chateado com ele, eu me dediquei a passar por um longo processo de trainee na Ernst & Young. Consegui entrar e fiquei mais de três anos auditando grandes organizações. E me especializei em finanças, uma competência que me faltava até então. Foi uma grande escola para mim, mas, no terceiro ano, o bichinho do empreendedorismo começou a me cutucar cada vez mais forte. Em 2015, eu me sentia pronto para empreender, além de estar esperando a minha primeira filha. Senti que era a hora certa, então fiz o que mais de 60 mil pessoas fazem todos os meses: procurei no Google as palavras "franquias baratas". Encontrei publicidade em saquinhos de pão. A prova de que tinha encontrado uma ótima ideia foi ter me perguntado: "Por que não pensei nisso antes?".

Estudei a possibilidade e só vi vantagens: a mídia era vendida para negócios locais e entrava na casa do cliente. Os donos das empresas pagavam pouco por isso e tinham alta exposição da marca, na mesa do café e do jantar das pessoas. O saquinho era entregue de graça para a padaria, ajudando a movimentar um ecossistema de empreendedorismo local, ou seja, tinha um negócio rentável nas mãos. Saí da multinacional e investi naquele projeto os 10 mil reais que eu tinha.

Chamei o Pedro, que hoje é o meu sócio, e o convidei para empreender. Passamos três meses só levando "não" e porta na cara. Fomos praticamente expulsos de lojas, e tudo levava a crer que aquele não era o caminho para nós. Nesse meio-tempo, me machuquei jogando bola, fiquei afastado pelo INSS e fui, de muletas, prospectar com o Pedro. Não foi uma estratégia, mas confesso que deu certo.

Com o tempo, o negócio engrenou. Percebemos que tínhamos o know-how necessário, mas a marca ainda era de terceiros e começamos a ter alguns problemas com o franqueador. Passamos a ver o negócio com uma lupa, identificamos problemas sérios e indicamos um cliente para comprar toda a franquia. Em vez de comprá-la, ele se tornou nosso sócio financiador.

Ao implantar a marca e o negócio como donos de fato, batemos o pé para que se tornasse algo diferente, e não uma réplica de algo que já existia. Para a PremiaPão, criamos um conceito único, unindo marketing promocional e publicidade nos saquinhos de pão, atraindo o consumidor final pela premiação que era oferecida.

Deixe-me explicar como esse negócio funciona na prática. O mercado de publicidade em saquinhos de pão começou na Espanha há poucas décadas. Veio para o Brasil aproveitando o mercado de panificadoras, padarias e a cultura brasileira, em que 96% da população consome pão, para difundir esse modelo de publicidade. Acabou dando muito certo. Algumas indústrias se especializaram em fabricar um saquinho colorido, com qualidade, biodegradável e com apelo sustentável. E foi aí que surgiram marcas franqueando esse modelo, mas acabaram entrando numa vala de commodity muito grande, sem diferenciação em relação ao produto e ao modelo de negócio, já que as indústrias basicamente eram terceirizadas. Foi atuando nesse mercado que percebemos uma grande deficiência e uma grande oportunidade. E foi exatamente na premiação que criamos o grande diferencial do produto, além de vários diferenciais dentro do modelo de negócio, a fim de posicionar a franqueadora da PremiaPão como uma McDonald's do seu mercado. Tanto é que somos a única empresa do segmento que ganhou, por três anos consecutivos, prêmios de franchising pela ABF.

Em relação à premiação, percebemos que esse era um tipo de negócio que funcionava no modelo ganha-ganha, em que a padaria recebe de graça o saquinho, o que para eles é um benefício pela economia que gera. Para o anunciante local, é uma forma de anunciar com uma mídia de alto impacto, afinal, são 30 mil saquinhos em média produzidos e distribuídos por meio das padarias, de forma gratuita, muitas vezes até rateando o espaço do saquinho com outros anunciantes locais. Então, democratizou muito o acesso à mídia para pequenos negócios também.

Em vez de você pagar para um designer criar uma arte, para a gráfica imprimir material, para promoters distribuírem panfletos, para uma empresa coordenar esses promoters, tudo isso já está incluso no modelo de negócio da publicidade em saquinho de pão, porque o próprio franqueado faz parte desse trabalho de monitoramento, de ativação de marca nas padarias, e a própria padaria faz o trabalho de distribuir. A franqueadora toca toda a parte desse layout, que já está incluso nos serviços entregues ao franqueado.

Mas nos damos conta de que faltava uma peça desse ecossistema: o consumidor final, o cara que está comprando pão todo dia. Por que ele gostaria de receber um saquinho desse, com anúncios, em vez de pegar um saquinho pardo da padaria? Afinal de contas, ninguém gosta de ficar vendo anúncios sem fim. Queríamos oferecer algo a mais para esse consumidor, e aí veio a ideia da premiação. Entendendo sobre a economia da escala e percebendo que quanto mais a gente crescesse, mais faríamos crescer a nossa rede de franquias. E foi da ideia da premiação que veio o nome da PremiaPão. Ninguém fazia isso no mercado.

Pensamos o seguinte: "Quando ficarmos gigantes, vamos ter uma economia de escala, com mais de cem franquias na rede pagando royalties todo mês, com fundo suficiente para bancar um prêmio de um carro popular em um saquinho que vai entrar em uma cidade do interior do Pará. Quando o cliente levar o saquinho para casa, vai saber que pode ganhar um carro ou outros prêmios só por comprar pão na padaria". Essa foi a sacada.

Corta para três anos depois. Eu e quinze pessoas da nossa equipe estávamos em cima de um trio elétrico em Surubim, no interior de Pernambuco, com um carro popular atrás fazendo um barulho gigante e todo mundo olhando. Foi surreal entregar aquele carro para um rapaz que tinha ganhado o prêmio, escutar a história dele e sentir toda aquela energia. Ver aquele sonho de três anos antes se realizando bem ali na minha frente foi um marco gigante na minha vida.

Em um ano, já tínhamos cem operações. Tenho muito orgulho de ter fundado a PremiaPão. Já tivemos mais de mil franqueados com faturamento acumulado acima de 30 milhões de reais. Isso tudo começando com uma ideia de três amigos, com 10 mil reais de investimento e no quarto de hóspedes da minha casa – que depois virou o quarto da minha primeira filha. No mundo dos negócios, chamamos isso de crescimento *bootstrap*, que significa criar uma empresa somente com recursos próprios, apertando os cintos do time sem a ajuda de investidores externos. Ao longo dos próximos capítulos, vou contar o segredo para esse tipo de escalada.

Agora, tem uma coisa importante que preciso contar da minha história e que tem a ver com esse assunto. Antes de embarcar para os Estados Unidos aos dezoito anos, escrevi uma carta. Enviei para a minha namorada na época, escondida em um CD de músicas que tinha gravado para ela. Essa carta representou o compromisso que eu fiz principalmente comigo mesmo, para que eu lembrasse dele todos os dias que eu estivesse lá longe e me ajudasse a segurar firme aquele sonho. Lembrando que tudo começa com um sonho e do sonho obviamente tem que vir a ação e depois o compromisso. Nessa carta eu dizia:

> "Passaram-se quatro anos e só a gente sabe o quão difícil foi segurar o nosso relacionamento à distância. Só nós sabemos das noites solitárias, da saudade que sentimos um do outro, de todas as dificuldades que passamos. Mas agora, no dia de hoje, lendo esta carta juntos, tenho certeza de que vamos ler com muito orgulho, com muita leveza, agora enxergando um futuro muito mais claro à nossa frente, prontos para construir uma família linda, para estarmos juntos para a eternidade. E se a gente conseguiu passar todo esse tempo com todos esses desafios à distância, segurando o nosso amor, isso só significa que, de fato, nascemos para ficar um com o outro. E essa é só mais uma lembrança e um reforço de que nosso amor é infinito. Muito obrigado por segurar a corda, não deixá-la cair, te amo para sempre".

Ficamos quatro anos namorando à distância, enfrentando todos os tipos de provas e, quando eu voltei, abrimos a carta juntos. E foi porque abraçamos esse compromisso que hoje temos uma família linda, que é a nossa maior realização. Convido você também a escrever uma carta para o futuro com tudo o que deseja realizar.

Agora que abri as partes mais importantes da minha trajetória com você, quero apresentar esta obra. Este livro mostra a jornada para escalar o seu sonho em um negócio, e o seu negócio em uma franquia de sucesso. Para isso, vou tratar de alguns temas essenciais, como competências e motivação do empreendedor de sucesso, como ter um produto campeão – validado, relevante e com marca forte –, qual é o modelo de negócio escalável dentro da trilha SCALE[2] e qual é a importância de pensar o negócio como franquia desde o início. Todos esses pontos fazem parte do método que vou apresentar; em outras palavras, a solução de muitos dos seus problemas (sim, é uma promessa).

Sei que você pode estar agora mesmo exausto e desanimado com o seu negócio, vendo outros do seu segmento crescendo enquanto você está há mais de uma década estagnado, trabalhando muito todos os dias sem ver os resultados de tanto esforço. Você quer crescer, mas não sabe por onde começar a fazer as mudanças necessárias. E, para piorar, recebe baldes de água fria de todos os lados.

Sei bem o que é sentir isso. Até engrenar nos negócios, passei por muitos desafios e pensei várias vezes em desistir. Você também pode estar imaginando que tudo isso está acontecendo por culpa das pessoas que não se engajam no seu negócio, por culpa do mercado cada vez mais volátil e por outras razões que, a meu ver, são apenas relâmpagos, ou seja, a parte visual do raio. Porém, o real problema está nas descargas dentro da nuvem, que é onde o raio começa de fato.

Sendo agora uma das maiores referências no mercado de franquias, entendi que todo negócio deve ser planejado e estruturado como se fosse uma franquia, ainda que seja de unidade única. Essa lógica permite que você deixe o sistema fazer a maior parte do trabalho.

Você há de concordar que ninguém ensina ao empreendedor o que fazer para avançar os níveis do crescimento, como agir depois de se estabelecer no mercado ou como ir além de uma boa ideia.

---

[2] Acrônimo para Sobrevivência, Confirmação, Aceleração, Lucro e Exit.

Sei bem como é isso. No início, é você com você mesmo. Mas não precisa ser assim. Podemos aprender com os erros e acertos de quem já fez, especialmente com os erros. E todos eles estarão aqui nesta obra, prometo.

Antes que você se pergunte por que os capítulos deste livro têm títulos relacionados a raios, explico. Sou um apaixonado por esse símbolo, inclusive o utilizo na minha marca e na minha comunicação. Desde a Grécia Antiga, raios e relâmpagos simbolizam força, inteligência, intuição e iluminação espiritual. Também representam crescimento, já que chegam antes da chuva e da água que traz vida. Para mim, é energia, ação, luz e intuição, tudo o que uma pessoa precisa para crescer e inspirar outras a progredir.

Com certeza, "raio" é a palavra que mais me descreve. Quem não me conhece talvez demore mais para perceber, porém basta passar cinco minutos ao meu lado para entender. Para mim, o raio representa energia, é o calor que as pessoas buscam umas nas outras. E tem gente que, só de estar perto, transmite uma vibe, como um imã que atrai objetos para si; não é possível ver, mas sabemos que está lá, atraindo oportunidades, pessoas, negócios e tudo aquilo que alguns até chamam de sorte.

Tudo começa com um sonho. E tudo continua com ele. Se o seu sonho de empreender e de escalar estiver aí guardado para quando der tempo, para quando tiver dinheiro ou para o dia em que as condições forem perfeitas, esta obra é a sua prioridade no momento. Não é à toa que um livro chega às mãos de alguém. Se ele chegou até você, aproveite e se entregue. Prometo que você vai sair diferente desta experiência, mais motivado, mais forte e com a energia de um raio para fazer os seus sonhos acontecerem!

01.
CHOQUE DE REALIDADE

Se você está ocupado demais fazendo o seu negócio funcionar,
quem está empenhado em fazê-lo crescer?

Existem algumas situações pelas quais a maior parte dos empreendedores passa que, por não serem compartilhadas no dia a dia e não gerarem uma troca de soluções, acabam se tornando traumas que marcam feito tatuagem. Pensamos o seguinte: "isso só acontece comigo", "sou um azarado!", "faço tudo errado", "definitivamente não sirvo para empreender" e coisas do tipo.

Convivendo com franqueados, empresários e empreendedores, além de ouvir muita gente nas minhas palestras, nos treinamentos e nas mentorias, desafios que parecem ser individuais se mostram coletivos diante de mim. Vejo claramente que os problemas, quando não são iguais, são muito parecidos.

Muitos empreendedores não sabem onde estão e o que devem fazer para chegar aonde desejam. Mesmo que o seu negócio seja bom, se não existir esse discernimento, você vai paralisar, e o negócio ficará estagnado. Aí vem a dificuldade de escalabilidade: aquela energia lá do início, que fazia você acreditar que tudo era possível, mais fácil e bonito, acaba ficando para trás, e você não alcança mais.

Tenho algumas hipóteses quanto a por que esses problemas comuns a muitos empreendedores ainda acontecem, mesmo com tanta vontade e dedicação para fazer dar certo. Desconfio que você vai se identificar em muitos pontos.

SE VOCÊ NÃO ESTÁ CRESCENDO, ESTÁ MORRENDO

Constantemente, escuto e mentoro empreendedores com mais de dez anos de estrada que estão totalmente presos no operacional e não conseguem cuidar do estratégico da empresa. Contas a pagar, compras a fazer, pessoas a contratar e treinar, problemas a resolver, comunicação para pensar, entre tantas outras tarefas dessa lista infindável. Perceba que estar no operacional e fazer o negócio crescer depende de energias completamente distintas, atividades, prioridades e investimentos geralmente antagônicos que causam uma explosão de problemas e frustrações no empreendedor.

Estar preso ao operacional só não é pior do que ter preguiça de lidar com as pessoas. Um empreendedor que chega ao ponto de não ter mais paciência e vontade para desenvolver o time, que não dá feedback e que não acompanha de perto quem está ao lado dele já está desconectado do negócio e da energia que fez tudo começar. Esses são sintomas comuns de um empreendedor que não está mais apoiando o próprio sonho, que não está injetando o combustível capaz de tangibilizar o potencial que o negócio tem.

A desmotivação empreendedora pode ser fatal para qualquer negócio, mesmo para os originários das melhores ideias. Todas as empresas são feitas por pessoas, então o resultado delas está diretamente atrelado ao quanto essas pessoas trabalham para fazer acontecer.

Muitos empreendedores se realizam com um bom faturamento, não importa se ele se encontra estagnado no operacional e o negócio não cresce há muito tempo. Se está entrando dinheiro, ele está feliz. Peço desculpa, mas preciso acabar com a sua alegria momentaneamente. Essa é uma falsa tranquilidade, afinal não existe platô infinito nos negócios – ou está crescendo ou está caindo.

Platô é o período conhecido como "vacas gordas", em que o negócio passou por uma escalada de faturamento e picos de vendas. Aqueles antigos gráficos inclinados deram lugar a números cada vez mais parecidos a cada mês. Isso só acontece porque o mercado atual é rápido, volátil e está em constante evolução.

Esse falso sentimento gerado pelo platô cria um risco enorme que, no longo prazo, pode até mesmo se traduzir em falência. Se o seu negócio está no platô, atenção! Você pode até estar perdendo para a inflação. O mais provável é que ou o mercado saturou ou a sua estratégia de produto maturou. E por que pedi a sua atenção agora? Porque essas são as duas fases que antecedem a última parte do ciclo de vida de um produto: o temido declínio.

A CONCORRÊNCIA É CADA VEZ MAIOR: A MUDANÇA CONSTANTE É A ÚNICA CERTEZA DO MERCADO

Como empreendedores, até poderíamos criar um negócio, mantê-lo ao longo da vida e construir uma sala vip para ele na nossa zona de conforto. Poderíamos nos dar a esse luxo se, e somente se, não houvesse uma concorrência tão agressiva, se o mercado fosse mais fechado e se as mudanças não fossem tão rápidas. Você há de concordar que essa é uma utopia bem distante do que acontece hoje na nossa vida.

A concorrência cada vez maior indica que o mercado e o consumidor estão mais exigentes. E não é para menos. Adquirir um produto ou um serviço é sempre mais fácil e mais rápido. As opções são inúmeras para todos os gostos e bolsos e estão disponíveis em todas as plataformas e redes sociais possíveis. A cada minuto surgem novidades, negócios diferentes, novas formas de resolver problemas e de fazer dinheiro. Os clientes mais exigentes e os concorrentes mais ligados nos inserem nesse ambiente de pressão saudável, então passamos a buscar relevância e crescimento. Pelo menos era assim que deveria ser.

Você, no papel de empreendedor, pode continuar tocando o seu negócio assistindo passivamente a essa série interminável de novidades ou pode buscar preencher as lacunas e as oportunidades que vão surgindo ininterruptamente. Se você escolheu a segunda opção, parabéns! E como fazer isso, afinal? Desenvolvendo uma habilidade nova, estudando, lendo, conversando e seguindo pessoas que já atuam com essa habilidade, ficando atento a uma área nova em que precise investir no seu negócio, um mercado ou uma região na qual precise crescer. O empreendedor deve ter um olhar de fora para dentro para não ficar preso no próprio negócio.

Você aceitando ou não, os negócios são mutáveis. Se conseguir enxergar dessa forma, pode manter o compromisso de buscar constantemente a próxima versão, o próximo negócio dentro do atual. Para isso, você precisa se comprometer a crescer na mesma proporção e na mesma magnitude.

Até mesmo empresas gigantes do mercado, como Coca-Cola, Samsung, McDonald's e Starbucks, tiveram que se reinventar para se manter relevantes. Vou dar alguns exemplos para ilustrar melhor essas transformações.

O Starbucks, desde a fundação, em 1971, teve que mudar mais de uma vez a marca para se ajustar ao crescimento da empresa, porém sem perder a essência, mantendo a sereia como o principal elemento.

A Samsung, desde que foi fundada, em 1938, lançou vários itens até encontrar o produto campeão. Iniciou com exportação de alimentos, depois ampliou para comércio, finanças e têxtil. Apenas em 1969 passou a vender produtos eletrônicos, após o lançamento da primeira televisão da marca. Expandiu internacionalmente e ficou conhecida também por eletrodomésticos, como geladeiras e máquinas de lavar. O crescimento levou a empresa a fabricar monitores de computador, celulares, tablets, robôs, entre outros produtos. Em 2010, a companhia se estabeleceu como uma das principais marcas do mercado de tecnologia móvel, tornando-se, inclusive, a principal rival da Apple.

A Coca-Cola, para continuar sendo uma das bebidas preferidas no mundo há 138 anos, precisou mudar a marca, a garrafa, testar novos sabores e novas formas de fazer propaganda, sempre inovando em todas as esferas.

Esse processo necessário de transformação não se refere apenas às marcas, mas, antes de tudo, ao empreendedor. Há alguns anos, também venho encarando esse desafio. Enxerguei que precisava desenvolver mais minha habilidade de comunicação. Eu era extremamente introvertido, gaguejava, faltava aula quando tinha que fazer apresentação na escola. E hoje sou comunicador, palestro para 7 mil pessoas e me sinto bem nesse papel. Isso só foi possível porque identifiquei que me faltava essa habilidade e trabalhei com todas as minhas forças para preencher a lacuna.

Outro ponto de virada foi aprender a me transformar em influenciador. Em certo ponto, percebi que seria fundamental para os meus objetivos ser uma referência no digital, então fui atrás das ferramentas e do caminho para isso. Fiz cursos, contratei pessoas, me aliei a quem já estava obtendo resultados, tracei um plano e continuo executando. Isso tudo sem perder a essência da minha marca, comunicando o meu jeito de ser e o que acredito.

Você, como empreendedor, precisa se colocar nesse lugar que eu chamo de choque de realidade. Com isso, deve absorver visões que não tinha, coisas que são possíveis, mas que sempre pareceram impossíveis, desconstruir pensamentos do tipo "só conseguiria se tivesse muito dinheiro". Ao aceitar mudar as suas referências e se abrir para novas competências, habilidades e visões, você automaticamente está assinando contrato com a sobrevivência do seu negócio no longo prazo. Porque a empresa só muda se a cabeça do empreendedor mudar primeiro.

Gosto muito de usar a história do caranguejo-ermitão para ilustrar esse tema. Inclusive, contei para as minhas filhas, para que absorvessem melhor o nosso processo de mudança de casa. O caranguejo-ermitão nasce com uma casca do tamanho dele. Enquanto é pequeno e ainda não está desenvolvendo outras partes do corpo, ele está confortável e em segurança nessa casca. Porém, à medida que ele vai crescendo, a concha fica pequena para o tamanho do corpo, o caranguejo vai ficando exposto ao sol, à chuva e aos predadores. Para se proteger, ele precisa buscar uma nova casca, que comporte o novo corpo. Se você procurar "caranguejo-ermitão" no Google, vai encontrar fotos dele acomodado dentro de xícaras encontradas no mar, tampas de garrafa, todo tipo de lixo que vai encontrando e carregando para formar uma nova casca. O caranguejo só aceita usar o lixo como casa porque não consegue encontrar a casca certa no meio da poluição. Vejo muito a figura do empreendedor nessa história. Ele, muitas vezes, até faz alguma movimentação para crescer, mas acaba se acomodando em qualquer "pedacinho de lixo" só para não ficar completamente descoberto. Não é assim que acontece?

Trago essa alusão para o empreendedor e o negócio. O negócio é a concha ou a casca, o empreendedor é o que está por dentro. Tem muita gente que fica atrofiada ao negócio que tem, limitada às competências e às visões, e permanece ali, sem evoluir. É com este problema que costumo me deparar: empreendedores querendo que a empresa cresça sem buscar crescimento interno antes ou ao mesmo tempo.

O empreendedor ermitão é aquele que tem essa coragem de deixar a concha que não serve mais e partir com toda a vulnerabilidade ao mar aberto, em busca de outras fontes. É este o movimento ideal: crescer e procurar fazer a empresa se encaixar no próprio crescimento. Todo o negócio que você tem hoje é apenas um teste, uma etapa, um passo para o seu próximo negócio ou a sua próxima versão.

AS MARGENS SÃO CADA VEZ MENORES

Margens cada vez menores dependem do mercado e do tipo de produto ou serviço que o empreendedor oferece. De qualquer forma, também são reflexos das transformações gigantes que estamos vivendo na economia e na sociedade como um todo. O avanço da tecnologia, a transformação digital e as redes sociais ocupam um espaço relevante nesse cenário. Consigo ver isso na prática diariamente com meus mentorados. Empreendedores do segmento de alimentação que dez anos atrás tinham 25% de margem, hoje se esforçam para fechar o mês com 15%. Todos correndo atrás de uma margem que não existe mais.

Em 2002, o empresário estadunidense Jeff Bezos, fundador da Amazon, disse, em uma entrevista para a revista *Bloomberg Businessweek*: "A sua margem é a minha oportunidade". Isso se reflete no fato de que as margens dos negócios estão ficando cada vez menores porque existem gigantes no mercado que trabalham para ganhar pouco, mas com um grande volume. Esses gigantes costumam trabalhar com commodities, sem investir tempo e dinheiro em marca.

Eu, em contrapartida, defendo a tese de que um negócio escalável foge da comoditização, deixa de ser somente um produto e passa a ser uma marca. Bato muito na tecla de que uma marca forte é a base para a longevidade.

TODO O NEGÓCIO QUE VOCÊ TEM HOJE É APENAS UM TESTE, UMA ETAPA, UM PASSO PARA O SEU PRÓXIMO NEGÓCIO OU A SUA PRÓXIMA VERSÃO.

VENDER, LUCRAR, ESCALAR
@RAPHAELDMATTOS

Se a sua empresa não consegue agregar e comunicar valor ao que faz e ao que oferece, o seu cliente fica livre para adquirir o mesmo produto ou serviço com qualquer outra empresa, ou seja, a pessoa não enxerga vantagens em comprar de você. Nesse caso, o único jeito é disputar volume com os gigantes do mercado – ou, pior, quem fica nesse lugar de brigar por margens perde cada vez mais espaço e acaba fazendo parte das inúmeras estatísticas de empresas que morrem com pouco tempo de vida.

Por tudo isso, em vez de ficar reclamando das margens e do mercado, sugiro que você foque a sua marca, invista na qualidade dos seus produtos e serviços, comunique o valor para o seu público e repita esse ciclo incessantemente. Vou mostrar como fazer isso mais adiante.

NEGÓCIOS FEITOS PARA DURAR SÃO UMA REALIZAÇÃO PARA POUCOS

E não sou apenas eu que falo isso. Segundo o Instituto Brasileiro de Geografia e Estatística (IBGE), menos de 40% das empresas criadas no Brasil conseguem sobreviver após cinco anos de existência.[3] Esse índice considera dados até 2019, então não conta com os números possivelmente alarmantes que resultaram da pandemia de covid-19.

É uma informação preocupante, mas, ao mesmo tempo, compreensível. Ao empreender, muitas pessoas largam uma carreira segura ou investem o dinheiro de uma vida. Com o tempo e os desafios, esse empreendedor quebra a cara porque não aprendeu na escola nem na faculdade a empreender. Assim, acaba errando e sofrendo muito mais do que deveria, até muitas vezes desistir do negócio e fechar as portas.

---

[3] VIECELI, L. Menos de 40% das empresas nascidas no Brasil sobrevivem após cinco anos. **Folha de S.Paulo**, 22 out. 2021. Disponível em: www1.folha.uol.com.br/mercado/2021/10/menos-de-40-das-empresas-nascidas-no-brasil-sobrevivem-apos-cinco-anos.shtml. Acesso em: 3 maio 2024.

Desde a revolução industrial, o mercado tem formado pessoas para problemas que não existem mais ou para áreas que já estão defasadas. O brasileiro é um povo empreendedor, mas empreende mais por obrigação ou necessidade do que por vocação. É claro que existe o empreendedor vocacional, que realmente nasceu para isso, cheio de ideias e atitude, mas é a minoria.

A maioria dos empreendedores brasileiros é representada pelo cara que, todo santo dia, precisa correr, colocar dinheiro em casa, gerar renda e usar recursos limitados para empreender de qualquer jeito. Falta experiência, não costuma fazer pesquisa nem planejar, não sabe o que é empreender porque não tem exemplos em casa e não tem para quem pedir ajuda. Como consequência, acaba caindo em um buraco de negócios que já nascem fadados a morrer em pouco tempo.

OS DESAFIOS DE LIDAR COM GERAÇÕES IMEDIATISTAS

Se eu perguntar hoje para uma audiência gigante de empresários qual é o principal problema que eles enfrentam nos negócios, pode ter certeza de que a grande maioria vai dizer com convicção: "pessoas, mão de obra! Não encontramos gente qualificada e comprometida no mercado. A nova geração não tem compromisso". Se você ainda não falou algo parecido, certamente já ouviu coisas do tipo. Em parte, entendo essa dor, mas tenho consciência de que é impossível mudar uma geração, e tenho dúvidas quanto a essas características serem gerais. Então, em vez de culpar o sistema, temos que enxergar como podemos resolver esse desafio.

Existe uma contradição em relação ao que é sintoma e ao que é raiz do problema. Na minha visão, a nova geração é apenas o sintoma. As empresas ainda não perceberam que todos os dias ocorre uma falta grave dentro delas. Falta um modelo de cultura bem-feito para atrair as pessoas certas, para as engajar e fazer com que se sintam eficientes, reconhecidas, capazes de entregar com agilidade e qualidade. Então, a solução está na cultura, como veremos em detalhes mais adiante.

Quero contar um exemplo de um mentorado meu, o Henrique. Ele tinha uma loja de produtos ortopédicos e o sonho de a transformar em uma franquia de sucesso. Na época, havia cinco funcionários sob a supervisão direta dele, e a grande reclamação era que eles não vestiam a camisa da empresa. Muitas vezes, ele se lamentou comigo: "Rapha, essa geração só quer moleza, não quer assumir responsabilidades e só trabalha com o que gosta. A minha vontade é demitir todo mundo e fazer tudo sozinho". Depois, avaliando com calma o negócio do Henrique, percebi que nem ele sabia direito quais eram os valores e os diferenciais da marca. Não existia uma cultura, um porquê capaz de engajar as pessoas. Era só trabalho árduo e pouco brilho no olho.

Como você deve imaginar, todos os problemas apontados neste capítulo são capazes de reduzir a zero as chances de um negócio dar certo e de escalar. O empreendedor se sente cada vez mais desmotivado e desconectado do propósito, a equipe se distancia e perde o interesse pelos resultados, a marca enfraquece e, por fim, a empresa fica estagnada. Ainda, o mercado não usufrui de todo o potencial e dos benefícios que o negócio poderia gerar. É um desperdício!

Se você se enxergou em alguma dessas situações e não quer levar o seu negócio para "o raio que o parta", continue comigo. Nas próximas páginas, você vai entender melhor o que está acontecendo com a sua empresa e como você pode mudar essa realidade para, enfim, escalar o seu sonho de uma maneira leve e certeira. Ao longo desta obra, vou compartilhar um método prático para tornar o seu negócio um verdadeiro condutor de energia.

02.

UM RAIO NÃO CAI DUAS VEZES NO MESMO LUGAR – OU CAI?

Será que sempre vou cair quando o negócio está "quase lá"?

Ese o plano perfeito desse totalmente errado? Se o sonho de participar de um famoso programa de televisão se tornasse o seu principal pesadelo? Se já na sua primeira experiência como empreendedor você aprendesse tudo o que nunca poderia ter feito em uma sociedade?

Confesso a autoria de todos esses questionamentos. Às vezes, o raio cai, sim, duas vezes no mesmo lugar. O choque é grande, os aparelhos pifam e você pode ficar frente a frente com a morte do seu negócio e de todas as suas esperanças. Seria um cenário desastroso se você já não tivesse passado por isso na primeira vez que o raio caiu. Agora, você já sabe que é possível sair do zero e dar a volta por cima. Para quem tem isso, recomeçar é apenas uma parte do processo.

A partir de agora, você vai compreender melhor e identificar, por meio de *cases* reais, inclusive meus, o cenário que pode estar vivendo neste exato momento. Saiba que todos os dias muitos empreendedores sofrem com os mesmos desafios que você e que essas experiências podem ajudar a escalar o próximo nível do seu negócio.

Desde a minha primeira experiência como empreendedor até hoje, tive ricas oportunidades de quebrar a cara, de aprender com os meus erros e com os erros dos outros. Agora tenho a alegria de compartilhar com você todo esse legado que vem transbordando há algum tempo. Acredito que ensinar e trocar conhecimentos e vivências são as melhores maneiras de aprender verdadeiramente nesta vida.

Vou começar expondo uma história real, causadora de muitos problemas e de muita vergonha para mim. Em 2018, devido ao grande e rápido crescimento da PremiaPão, eu e os meus sócios fomos convidados para participar do Shark Tank Brasil. Fiquei maluco porque, quando eu era universitário e morava nos Estados Unidos, assistia todos os dias ao programa e adorava aquela dinâmica. Achava o máximo o jeito como os participantes apresentavam as ideias de forma sucinta, eram questionados sobre o potencial de vendas, o modelo de negócio e a projeção de números, o que acabavam fazendo sem muito embasamento. Sempre achei um passatempo produtivo, porque, além de todo o entretenimento, a expectativa e as frustrações, eu conseguia aprender bastante com as análises de negócios feitas pelos sharks e, é claro, com a criatividade dos empreendedores que muitas vezes criavam soluções do zero e se jogavam no mercado com a cara e a coragem.

Quando fomos ao programa, avaliamos a oportunidade. Na verdade, não precisávamos do investimento que planejamos pedir, mas não vou negar que fomos atraídos pela exposição de marketing que aquela oportunidade nos traria. E aí a gente pensou: "O que pode dar errado?". Concluímos que o pior que póderia acontecer seria receber um "não", e a vida continuaria normalmente. O que não imaginávamos era que poderia dar mais errado do que isso.

Jurei para mim mesmo que a Cris Arcangeli não diria o jargão "a conta não fecha" – não para nós, que tínhamos toda uma planilha mental na cabeça. Nos preparamos de verdade, contratamos até uma consultoria de oratória e fonoaudiólogos, estudamos cada um dos sharks, fizemos um ensaio com toda a nossa equipe assistindo.

Então fomos, enfim, gravar o programa. Recebemos um "não" atrás do outro, como já esperávamos, porque não era nosso perfil de investimento. No final, o João Appolinário, famoso por ser presidente, proprietário e fundador da Polishop, falou: "Eu até gostei do negócio, mas vocês pediram um valor muito alto. Talvez tudo o que falamos aqui não faça sentido para vocês". Ele falar que investiria no nosso negócio foi, sem dúvida, o encerramento que pedimos a Deus. Voltamos para casa satisfeitos porque teríamos um marketing positivo como saldo.

Cinco meses depois, fomos avisados de que o programa finalmente iria ao ar. Fizemos uma superdivulgação, reunimos toda a equipe para assistir, em um clima de final de Copa do Mundo. Colocamos até no telão. Foram sete minutos de silêncio absoluto. Parecia mais um filme de terror. O que aconteceu? Como todo *reality show* que se preze, precisava haver um drama, algumas situações embaraçosas, uma tensão para ficar mais interessante. Em resumo, a edição não foi nem de longe o que esperávamos, com base no que vivemos lá naquele dia. A sensação era a de que tínhamos levado um tapa na cara, do tipo: "Somos os piores empreendedores do mundo, com a pior ideia do mundo!". Entrei em depressão e passei uma semana sem conseguir me olhar no espelho.

As consequências foram terríveis. Já no primeiro mês, perdemos contratos, franqueados, projetos grandes de mídia, alegria e quase tudo o que nos movia. A única coisa que ganhamos foi uma vergonha sem precedentes. Não foi só isso: ganhamos *haters* também. Passei a duvidar do meu potencial como empreendedor, do meu negócio e, basicamente, ignorei toda a nossa trajetória de conquistas até então. Esqueci do quanto havíamos crescido nos últimos tempos, faturando múltiplos milhões, virando *case* nas revistas *Pequenas Empresas &*

Grandes Negócios e *Exame* e em vários portais de comunicação como uma das maiores expansões do franchising no país.

Aos poucos, fomos saindo do fundo do poço. Tínhamos franqueados que acreditavam na gente, o nosso negócio era rentável e só crescia. A poeira baixou e, três anos depois, em 2021, entrei no Mastermind do empresário e ex-nadador da Seleção Brasileira Joel Jota, que se tornou um grande parceiro de vida e de negócios. Na sequência, fui convidado para participar do podcast PrimoCast, do Thiago Nigro, o fundador do Grupo Primo e do canal Primo Rico.

Até aqui, você não teve a impressão de que as coisas foram fluindo com muita facilidade? Faço questão de falar como tudo aconteceu porque às vezes os fatos parecem que foram escritos como roteiros de filmes da Disney. E a vida real é mais detalhada do que isso – e muito menos glamourosa.

No primeiro dia de Mastermind do Joel, me atrasei para o almoço. Ao olhar ao redor para escolher onde me sentar, só vi fera. Em uma mesa estavam o Thiago Nigro e o contador dele. Naquela hora, tremi e me lembrei, por milésimos de segundos, de momentos em que precisei ter coragem: quando pedi minha paquera em namoro, quando fui para os Estados Unidos, ao montar os meus negócios, no Shark Tank e em muitos outros. Tomei aquela dose de "vitamina C" (de coragem) e fui me sentar à mesa do Thiago. Depois de um tempo, ele me perguntou:

— E aí, o que você faz?

— Sou o maior youtuber de franquias do Brasil. Tenho algumas franquias também.

— Pô, legal. O que você acha da empresa tal?

— Gosto. Estão abrindo unidades, se consolidando. — Comecei a dar detalhes da empresa.

— Você sabe mesmo, hein? Vem cá, quer participar do meu podcast?

— Topo, é claro! — Ele ligou para o produtor e agendou na hora.

No dia da gravação, o Thiago chegou com um briefing pronto, leu e soltou: "Shark Tank? A gente vai falar disso!". Gelei por alguns segundos e pensei: "Ferrou!". Na entrevista, joguei aberto, expus o meu lado da história na participação do programa, e a chamada do podcast foi a seguinte:

"A EMPRESA RECUSADA NO SHARK TANK QUE DEU CERTO".

A partir daquele momento, o jogo virou. Esse episódio ficou no top 10 do canal do Thiago no YouTube, e teve mais de 200 mil visualizações em dois meses. Fizemos meio milhão de vendas a mais nos primeiros trinta dias. Ganhamos cinco vezes mais do que havíamos perdido em decorrência do Shark Tank e, o mais importante, recuperamos a autoestima destruída.

Nunca mais escondi essa história, que me mostrou que, além de o mundo dar voltas (e como dá!), não podemos depositar nas mãos dos outros a nossa força, sobretudo a interna. Não existe fracasso, o que existe é jornada, trajetória, trampolim. Quanto mais para baixo você for, maior será o potencial de se reerguer e voar, usar a sua história a seu favor.

Essa experiência me deixou com uma vontade indestrutível de voltar ao Shark Tank, porém como shark, para poder dar chances a negócios escanteados como o meu. Já imaginei até as chamadas: "De empreendedor a investidor", "De sardinha a tubarão". Essa se transformou na minha grande ambição dos últimos anos. E posso contar um segredo? Essa realização já aconteceu. Já me enxergo lá mesmo sem ter recebido nenhum convite ou coisa parecida. Como tudo na vida, primeiro acontece na nossa mente para depois se tornar real do lado de fora. Tenho certeza de que não vai demorar muito.

No meio-tempo entre o Shark Tank ir ao ar e a entrevista com o Thiago Nigro, eu poderia ter desistido do meu negócio e, pior ainda, desistido de empreender. Não vou negar que fiquei desmotivado por um tempo, mas fui redescobrindo o prazer em fazer o que eu fazia e me reconectando com os meus objetivos de negócio, que eram fazer crescer ainda mais a PremiaPão e criar outras empresas ainda maiores.

SEMPRE VAI HAVER MOTIVOS PARA DESMOTIVAR UM EMPREENDEDOR, PARA TIRAR O TESÃO DO DIA A DIA. O QUE DIFERE É A ATITUDE DIANTE DESSES DESAFIOS.

Em uma das minhas últimas imersões, conheci um casal dono de uma brigaderia em Santos (SP). A marca era conhecida na região havia muitos anos, trabalhando com base na receita da avó dela, em uma marca que carregava um legado. O negócio reunia quase todos os ingredientes para continuar indo bem, porém eles estavam diante de mim pedindo ajuda.

Em certo momento da imersão, perguntei:

— O que está acontecendo com vocês?

— A gente está sem paciência com as pessoas, não temos mais tesão pelo negócio. A sensação é de que estamos em uma corrida de ratos, sem sair do lugar, tendo que lidar com vários problemas operacionais todos os dias. Isso cansa demais.

É compreensível que eles estivessem esgotados daquela rotina. Afinal, não é porque são empreendedores comprometidos que não vão se cansar e muitas vezes repensar o caminho que estão trilhando. Ao longo da imersão, ambos os sócios conseguiram se reconectar com o negócio, mas nada disso aconteceu de forma mágica.

Eles perceberam que, para que continuassem relevantes para a empresa e para que ela continuasse crescendo, precisavam sair da "roda dos ratos", como um mecanismo de sobrevivência. Era preciso fugir do operacional, começar a trabalhar na gestão e no planejamento da empresa e enxergá-la grande, como uma franquia, mesmo que ainda fosse pequena. Tudo isso sem deixar de pensar no longo prazo, cuidar da saúde e da motivação para criar rodas mais fortes e melhores para o negócio. Eles conseguiram e, mesmo se divorciando, continuaram com a sociedade, o que é outro exemplo de superação.

Me acostumei a ver empreendedores como esses, que estão há dez anos ou mais com faturamento estável e a mesma quantidade de lojas, cada vez mais inseridos e presos nessa "corrida dos ratos". Eu brinco que continuar empreendendo dessa maneira é apenas criar e manter um emprego para si mesmo, muito distante do objetivo inicial que acendeu a chama do negócio.

Conforme já mencionei, tive uma sociedade que me ensinou muito, principalmente o que não fazer. Durante um bom tempo, travei o meu crescimento e o do meu negócio por conta dessa sociedade. Eu estava na corrida de ratos. Existem muitos negócios promissores, mas, por desalinhamento, um sócio fica desmotivado e a própria relação ruim o puxa para baixo.

Após cinco anos de sociedade, depois da saída do sócio, em dois anos cresci três vezes mais do que nos cinco anos anteriores. E só percebi isso depois porque, durante a sociedade, eu não conseguia enxergar muita coisa. Portanto, no seu negócio, cuide bem da ambiência, preste atenção na sua frequência com as pessoas ao redor. Tudo isso pode fazer você se desmotivar e o negócio não dar certo.

Mesmo assim, continuo convicto de que quem quer crescer – e na minha visão todo negócio deve crescer – precisa ter sócios. A sociedade é o caminho para qualquer tipo de negócio, porque é a melhor solução para esse crescimento. Dentro dessa ideia, existem três tipos de sociedade, os quais veremos mais adiante: estratégico, operacional e financeiro.

A sociedade estratégica tem sócios que complementam competências estratégicas que muitas vezes faltam ao sócio fundador. Por exemplo, sócios que têm bagagem de TI para assumir a área de tecnologia da empresa ou sócios comerciais que levam cultura de vendas para empresas mais analíticas e engessadas.

A sociedade operacional tem modelos nos quais as empresas criam, como última etapa do plano de carreiras, a opção de os funcionários se tornarem sócios de uma das unidades e a tocarem como se fosse deles, mesmo sem terem colocado aporte financeiro algum. O Outback Brasil funciona exatamente assim – analisaremos mais adiante como esse modelo foi fundamental para o crescimento bem-sucedido dessa rede aqui no Brasil.

> QUEM QUER CRESCER – E NA MINHA VISÃO TODO NEGÓCIO DEVE CRESCER – PRECISA TER SÓCIOS.
> A SOCIEDADE É O CAMINHO PARA QUALQUER TIPO DE NEGÓCIO, PORQUE É A MELHOR SOLUÇÃO PARA ESSE CRESCIMENTO.

A sociedade financeira vai desde um investidor-anjo até grandes fundos de investimento, os quais têm como principal objetivo alocar recursos financeiros na empresa para que haja aceleração do plano de expansão do negócio e possam ganhar de três a cinco anos na venda das participações quando o negócio estiver valendo até cinco vezes mais do que valia antes do aporte.

Em todos esses modelos, não é fazer sociedade a qualquer custo, mas, sim, saber fazer sociedade. Em todos os meus negócios, não abro mão de ter sócios. Após a leitura deste livro, tenho confiança de que você também não vai deixar de contar com eles. Quem sabe, ainda seremos sócios em algum negócio.

Antes de entrar no meu método de como transformar o seu negócio desde o início em um sonho escalável, vou mostrar as possíveis causas que estão travando você e a sua empresa nessa situação. Segure a ansiedade e venha comigo. Espero você no próximo capítulo.

03.

NÃO SEJA ENGANADO PELOS TROVÕES QUE VÊM ANTES DOS RAIOS

*Ninguém ensina ao empreendedor o que fazer para
avançar os níveis do crescimento, como agir após
se estabelecer no mercado e como ir além de uma boa ideia.*

A essa altura do campeonato, você já deve ter feito uma fotografia mental do seu cenário atual. A etapa anterior foi necessária para enxergar a sua realidade. O próximo passo é explorar a fundo as causas dos problemas que identificamos juntos. Somente dessa forma poderemos encontrar as soluções por meio do método que apresento nesta obra.

Vamos recapitular alguns pontos. Você está tocando o seu negócio sem a motivação que tinha no início e sem conseguir sair do operacional. Tem consciência de que deve focar mais a parte estratégica e sabe que a sua empresa pode ir além. O que você ainda não sabe é como sair dessa situação paralisante.

Considerando tudo o que ouço de clientes, alunos e mentorados e de todos os meus aprendizados na prática empreendedora, criei uma lista de seis possíveis motivos pelos quais você está vivendo esse cenário desanimador.

1. INEXISTÊNCIA DE UMA FORMAÇÃO EMPREENDEDORA

O fato é que ainda recebemos uma educação, desde a escola, que ignora o empreendedorismo. Somos formados para conseguir um emprego em uma empresa e estudamos a vida toda para trabalhar construindo a realização do sonho de alguém até, enfim, nos aposentarmos no sonho alheio. Saímos da escola, entramos na faculdade e depois na pós-graduação, fazemos diversos cursos e continuamos sem formação alguma para empreender, salvo exceções. Até mesmo eu, que me formei em Administração de Empresas nos Estados Unidos, senti isso na pele.

As teorias de administração da academia estão muito distantes da realidade vivida no mundo real dos negócios. Por isso, quando vamos empreender, começamos sem base alguma, encarando todos os medos e riscos do mundo. Então como seria uma formação capaz de preparar minimamente um empreendedor?

Na minha visão, precisaríamos ter, desde a infância, disciplinas relacionadas à educação financeira, respeitando, é claro, as necessidades e as particularidades de cada faixa etária. Além disso, seria essencial oferecer preparo psicológico para os desafios de ter um negócio próprio, especialmente em relação ao autoconhecimento. Se começássemos a trilhar desde cedo o caminho para chegar até esse equilíbrio pessoal, economizaríamos muito tempo, nos trataríamos com mais cuidado, saberíamos lidar com nossos sentimentos, emoções e experiências, teríamos mais chances de fazer escolhas certas para nós mesmos e teríamos mais segurança e autoestima, além de muitos outros benefícios ao longo da vida.

Ter conhecimento em gestão de pessoas também é necessário, além de noções de produtividade para lidar com a rotina, respeitando os objetivos de cada fase do negócio. Adicionaria ainda uma disciplina que muito me faltou até certa idade: apresentações em público ou oratória. Muita gente sofre durante toda a vida por não saber lidar com esse desafio. Aprender a ensinar faz todo o sentido porque, de fato, absorvemos muito mais ao expor nossas ideias do que como ouvintes passivos.

É por tudo isso que hoje meu foco é ensinar empreendedores, por meio da minha empresa de consultoria e educação, a Player. Amo dar mentorias, consultorias e imersões para pessoas que, mesmo sem a base educacional da qual acabei de falar, conseguem fazer verdadeiros milagres nos próprios negócios. Imagine o potencial que elas alcançariam se tivessem uma formação empreendedora de qualidade. Elas voariam!

2. FALTA DE REFERÊNCIAS E ORIENTAÇÃO DURANTE O CAMINHO

A maior parte das pessoas começa a empreender por necessidade, sem qualquer orientação ou referências nas quais se apoiar e se informar. Você há de concordar que, se o empreendedor tem pais, familiares ou amigos que já tocam negócios, fica muito mais fácil evitar erros e preocupações. Essa troca pode ser mais transformadora que um MBA em Harvard, por exemplo.

Muitas vezes, nem precisamos ter alguém falando o que e como fazer. Ao observar o dia a dia da pessoa, já conseguimos aprender o *modus operandi* e o levamos automaticamente aos nossos negócios. Vivemos acompanhando o caminho trilhado pelos que estão à nossa volta, sejam pais, avós, tios, irmãos, amigos. Geralmente, são caminhos trilhados que também não tiveram referências e orientação, o que leva a uma repetição de padrões que nos distanciam do crescimento e da realização que buscamos.

Neste livro, quero mostrar para você uma rota diferente, com liberdade, segurança, coragem e força para tocar negócios consistentes e longevos. Você já pode ir colocando em prática desde já esse ponto, seguindo pessoas que puxam você para cima, que ensinam, compartilham e motivam a ir além do que você acha que pode, e aliando-se a elas.

46 VENDER, LUCRAR, ESCALAR

AS EMPRESAS SÃO FEITAS PARA ESCALAR E EXPANDIR.

VENDER, LUCRAR, ESCALAR
@RAPHAELDMATTOS

3. EMPREENDER POR NECESSIDADE, E NÃO POR VOCAÇÃO

Sem formação e referências, você acaba criando negócios iguais aos outros ou, como costumo dizer, criando empregos para si mesmo. A única referência que se tem é de que o trabalho é o emprego, então você cria um negócio para viver do operacional.

Muita gente, empurrada para o empreendedorismo, abre uma porta sem saída, que nada mais é do que a roda dos ratos do empreendedor, que permanece na operação. Essas pessoas acham que empreender é isso e, em vez de olhar para o negócio como um mecanismo vivo capaz de expandir, continuam tocando os empreendimentos sem sair do lugar.

Não estou dizendo que se não tiver vocação, a pessoa não pode empreender. Estou trazendo essa causa para que você perceba a lacuna e a partir de agora a preencha com todo o conhecimento necessário. Hoje existem cursos, palestras e conteúdos disponíveis e acessíveis a todos que se dispõem a pesquisar e a se dedicar ao empreendedorismo.

4. COMEÇAR SEM UM PLANO E UM MODELO DE NEGÓCIO

Geralmente o problema não é falta de dinheiro para escalar o negócio, é falta de um plano. Gosto de quebrar essa crença geral de que o entrave dos negócios é dinheiro, porque de fato não é. Se eu colocasse 1 milhão de reais nas suas mãos agora, o que você faria pelo seu negócio? Como o transformaria em dois, três e assim por diante? Lembre-se de que as empresas são feitas para escalar e expandir.

O plano de negócios não é útil apenas para quem está começando um empreendimento, mas também para quem está ampliando. Lembrando que o plano não evita os riscos, mas dá as ferramentas para que o empreendedor não erre por falta de análise, o que reduz as incertezas do negócio (e isso, para quem empreende, é ouro!).

As vantagens do plano de negócios são inúmeras: ajuda a organizar as mil ideias do empreendedor ao começar uma empresa; orienta a expansão de negócios já existentes; apoia a administração por meio de números, dados e estratégias; facilita a comunicação entre sócios, colaboradores, clientes, fornecedores e stakeholders; viabiliza a captação de recursos ou parcerias.

Você pode estar se perguntando agora como fazer um plano de negócios. Para começar, escolha uma ferramenta que já está habituado a usar; pode ser Excel, Canva ou o papel mesmo, o que importa é que funcione na sua rotina e possa ser facilmente acessada por você e a sua equipe.

Um plano de negócios costuma ter as seguintes partes:[4]

- **Sumário executivo**: negócio, mercado-alvo, vantagens competitivas, projeções de vendas e lucratividade.
- **Equipe de gestão**: organograma e currículo resumido das posições-chave do negócio.
- **Pesquisa de mercado**: segmento, clientes-foco do negócio, fornecedores, dimensão e tendências do mercado, concorrentes e necessidades dos clientes.
- **Análise econômico-financeira**: análises de projeções de vendas, margens, lucratividade, custos, ponto de equilíbrio, prazo para alcançar um fluxo positivo de caixa, cálculos de retorno

---

[4] DOURADO, B. Plano de negócios: o que é, vantagens e como fazer um para o seu empreendimento. **Resultados Digitais**, 14 dez. 2023. Disponível em: https://resultados-digitais.com.br/marketing/plano-de-negocios. Acesso em: 4 maio 2024.

como valor presente líquido (VPL), taxa interna de retorno (TIR) e *payback*.

- **Plano de marketing**: os 4 Ps do marketing – promoção, produto, preço e praça –, canais de venda e principais estratégias de propaganda.
- **Plano operacional**: principais elementos da operação, como rota de produção e processos operacionais essenciais; capacidade produtiva; regulamentações e assuntos jurídicos; localização geográfica; logística, sustentabilidade ambiental, social e de governança.
- **Plano de implantação**: inclui análise SWOT, cronograma macro, levantamento de riscos e análise de cenários, contratações, necessidade de capital próprio e externo (investimentos imobilizados e necessidade de capital de giro).

5. FALTA DE PROCESSOS ESTRUTURADOS

Há um fator determinante para os negócios de sucesso e que muitas vezes permanece oculto: o empreendedor não enxerga a importância de estabelecer processos como diferencial estratégico. Desde cedo absorvendo o mundo das franquias, entendi que todo negócio deve ser planejado e estruturado como se fosse uma franquia, ainda que seja de unidade única. Essa lógica permite que você deixe o sistema fazer a maior parte do trabalho e ganhe em todos os aspectos, inclusive em relação a processos.

A palavra "franquia" vem do radical "fran" de "fractal", que significa réplicas idênticas. Existem coisas fractais na natureza. Por exemplo, se você analisa um floco de gelo pelo microscópio, verá vários flocos idênticos ao floco grande. Quando falamos em franquia, o ideal é que cada franquia seja uma apresentação igual e única da mãe, da origem. Então, quando o empreendedor passa a olhar esse caminho libertador da lucratividade dentro da economia de escala (*scale economy*), passa a ser um empreendedor livre, que é o contrário do que costumo ver por aí. É muito movimento e esforço para não enxergar o avanço e o progresso das coisas.

A primeira porta da liberdade do empreendedor está em enxergar o negócio como uma franquia. Aí entra a importância de estruturar os processos para que consiga expandir com qualidade e padrão, fazendo as pessoas se envolverem no negócio com a mesma vontade, energia e espírito que ele deposita ali dentro.

Já que estamos falando da importância de ter processos bem estruturados no negócio, tanto franqueador quanto franqueado têm vantagens absurdas com a franquia. Quando você decide franquear o seu negócio, otimiza o atual e promove melhoria dos processos, já que uma das obrigações do franqueador é deixar tudo organizado para passar adiante. Então, você cria processos, define a estrutura de treinamentos, pensa no marketing necessário – assim, você, como franqueador, já ganha muito com tudo isso.

O franqueado, por sua vez, tem um modelo a seguir, por isso não precisa começar do zero. Também não precisa pensar e estruturar os processos, os treinamentos e toda a parte estratégica, que exige muito tempo e investimento. Sozinho, é muito provável que o empreendedor falhe nesses quesitos tão importantes para o sucesso de uma empresa.

Tocar um negócio que não tem processos é como tentar dirigir por uma rodovia desconhecida sem GPS, sem placas de sinalização, sem faixas que dividem a rua, sem o visor de combustível, o velocímetro e qualquer outro marcador, tendo que se guiar apenas pela intuição. Seria um desastre fazer uma viagem nessas condições, não

TODO NEGÓCIO DEVE SER PLANEJADO E ESTRUTURADO COMO SE FOSSE UMA FRANQUIA, AINDA QUE SEJA DE UNIDADE ÚNICA.

VENDER, LUCRAR, ESCALAR
@RAPHAELDMATTOS

concorda? Só sinto lhe dizer que talvez você esteja nessa viagem há um bom tempo sem se dar conta.

Até o final deste livro, você vai aprender a colocar os visores certos no seu painel de controle, a criar um mapa pelo qual você e qualquer pessoa poderão se guiar, além de um manual de instruções de uso do GPS, para minimizar todos os possíveis erros ao longo do caminho. E o mais importante: vai conseguir criar os botões, as alavancas, os pedais e o volante para que outras pessoas também possam dirigir por essa estrada com você.

6. PREDOMINÂNCIA DE NEGÓCIOS FAMILIARES NO BRASIL

Precisamos falar dessa questão que impacta diretamente a longevidade das empresas. No Brasil, predominam os negócios familiares. Para você ter uma ideia, 90% das empresas brasileiras têm perfil familiar, segundo o Instituto Brasileiro de Geografia e Estatística (IBGE).[5] Esse tipo de estrutura empresarial tende a dar errado. Antes que você me chame injustamente de pessimista, explico as razões.

Falta conhecimento sólido em governança – somente há alguns anos, as organizações estão acordando para esse *gap* –, os negócios já nascem com sociedades malformadas, ou seja, sem regras definidas. Um sócio não sabe como cobrar o outro, não conhece as responsabilidades reais dos outros sócios. Sem acordos que deixam alinhadas as expectativas, confundem sociedade com função, não há uma remuneração clara entre os sócios, entre tantas outras questões críticas.

---

[5] ITO, S.; SOARES, S.; ALLEGRETTI, F. A evolução das empresas familiares no Brasil. **KPMG.** Disponível em: https://assets.kpmg.com/content/dam/kpmg/br/pdf/2021/03/artigo-evolucao-empresas-familiares.pdf. Acesso em: 4 maio 2024.

Apesar de responderem por cerca de 65% do produto interno bruto (PIB) nacional e empregarem em torno de 75% dos trabalhadores brasileiros, são raras as empresas familiares que passam da segunda geração. Para ser mais específico, 36% conseguem chegar à segunda geração, 19% passam para a terceira geração e somente 7% chegam à quarta geração, segundo o Índice Global de Empresas Familiares, da PwC,[6] uma das maiores multinacionais de consultoria e auditoria do mundo.

Se você tem um negócio familiar, não se desespere com essas estatísticas. Seguindo o método que trago aqui, você vai conseguir transformar qualquer desvantagem em oportunidade, seja qual for a estrutura e a origem da sua empresa.

Agora que já tem consciência de tudo o que pode estar travando o crescimento do seu negócio e comprometendo a sua energia de raio, vou começar a compartilhar as soluções, a parte da mão na massa que eu adoro.

---

[6] OLIVAN, F. Responsável por 65% do PIB brasileiro, apenas 36% das empresas familiares sobrevivem à sua segunda geração. **Fenacon**, 28 jul. 2023. Disponível em: https://fenacon.org.br/noticias/responsavel-por-65-do-pib-brasileiro-apenas-36-das-empresas-familiares-sobrevivem-a-sua-segunda-geracao. Acesso em: 4 maio 2024.

04.

TRANSFORME O SEU NEGÓCIO EM UM CONDUTOR DE ENERGIA

Com a prática, percebi que o sistema de franquias é a base para todo o crescimento sustentável.

A partir de agora, vamos abordar o método deste livro mais profundamente. Para ter uma base mais segura, vamos começar fazendo um breve diagnóstico da sua situação atual.

DIAGNÓSTICO DO ATUAL MOMENTO DO EMPREENDEDOR – TRILHA SCALE

Para alcançar o sucesso absoluto, toda empresa precisa passar por cinco estágios essenciais: sobrevivência, confirmação, aceleração, lucro e exit (saída).

O primeiro passo é a fase de sobrevivência, na qual é comum que a empresa opere no vermelho e necessite de investimentos para se manter em funcionamento. Nessa fase, o foco do empreendedor é vender, testar, correr para pagar as contas, construir autoridade buscando se manter no mercado, ou seja, sobreviver. O empreendedor está sozinho no negócio e 100% preso no operacional.

Após superar essa fase inicial, a empresa entra em um período de confirmação. É quando o negócio passa a gerar resultado, a ter demanda constante e fidelizar clientes, confirmando que está no caminho certo. O empreendedor valida as ações, monta a equipe, aprende a delegar e transmite o propósito. Nesse momento de validação acontecem etapas fundamentais para o empreendedor, já que ele começa a sair da operação e passa a ter uma equipe para delegar funções e fazer treinamentos.

Depois vem a aceleração, período no qual todos os recursos são voltados ao crescimento da empresa, seja representada por mais pontos de vendas, unidades ou centro de distribuição. O empreendedor passa a agir de modo mais estratégico, otimizando a operação e trabalhando com metas e indicadores. É o ponto em que os processos bem montados começam a fazer diferença, porque empresas que aceleram sem estar preparadas para isso acabam morrendo. Outro destaque da aceleração é a cultura focada em vendas, já que o foco, nesse momento, é vender.

Após a aceleração do negócio, o empresário deve focar o aumento do *valuation*, ou seja, o valor que a empresa tem. É a hora de estabilizar a geração de lucro e pensar em *equity* – que nada mais é do que fazer o negócio ter valor de mercado e crescer, virar um *drive* maior do que necessariamente fazê-lo gerar maiores lucros mensais. Para quem não sabe, Uber, Netflix, Spotify e Facebook são empresas supervaliosas, mas que, durante muito tempo, não foram lucrativas. Inclusive, algumas dessas até hoje não são lucrativas, mas, por estarem ampliando o alcance da marca, continuam operando como estratégia.

Nesse processo, um dos passos mais importantes para o qual o empreendedor e a empresa devem estar preparados é o exit, ou seja, a saída do negócio. *Como assim, Rapha? Criar um negócio para sair?*. Eu sei que pode parecer estranho, mas todo empresário deveria pensar na trajetória do negócio sabendo que, ao final dela, deverá realizar a venda pelo melhor valor possível.

"Vender um negócio é o auge do sucesso do empreendedor". Essa frase foi dita por Flávio Augusto, empresário e escritor brasileiro, fundador da empresa Wise Up e ex-proprietário do Orlando City Soccer Club, em uma entrevista ao site Gazeta do Povo, em 2017. Avaliando a trajetória desse ícone do empreendedorismo, fica mais fácil ver como essa teoria faz sentido na prática:

- **2013**: comprou o time Orlando City, da liga estadunidense de futebol, a Major League Soccer (MLS), por cerca de 200 milhões de dólares.
- **2019**: faturou 250 milhões de reais e se preparou para a oferta pública inicial (IPO) de 5 bilhões de reais.
- **2021**: lançou a WSP e vendeu a franquia Orlando City por 400 milhões de reais.
- **2022**: comprou mais empresas e finalizou o ano com 500 milhões de reais.

Assim como as relações entre pessoas, a relação entre um empresário e a empresa dele também tem um destino. Não importa se a venda é o caminho escolhido, se o negócio será passado para familiares ou até mesmo se a falência será o desfecho dessa história – todas essas possibilidades representam o fim dessa relação única entre pessoa física e pessoa jurídica.

Cada uma dessas cinco fases do negócio escalável – sobrevivência, confirmação, aceleração, lucratividade e exit – exige ações imediatas para que o empreendedor as aproveite da melhor forma possível. Por isso, é fundamental que você, empreendedor, saiba em que estágio o seu negócio se encontra para não queimar etapas e ter sempre melhores resultados.

Antes de entrar no método SCALE – Serviço, Cultura, Associação, Lucratividade, Educação e Franquia –, preciso falar de dois pilares da economia de escala que sustentam todo o método: empreendedor motivado e produto campeão.

OS PRINCIPAIS PILARES DA ECONOMIA DE ESCALA

Tenho uma visão muito clara dos pilares de sucesso de todo negócio e vou apresentá-los a partir de agora. Se você quer crescer ou melhorar o que tem hoje, basta considerar o empreendedor motivado, o produto campeão e o modelo de negócio. Sendo que o modelo de negócio é o próprio método que trago nesta obra e que explicarei com detalhes a partir do próximo capítulo.

Todo negócio começa desta forma: o empreendedor sente uma faísca acendendo dentro dele, seja porque passou por algum

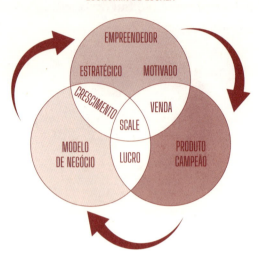

problema, porque enxergou uma necessidade, seja porque se deparou com uma oportunidade. Aí ele decide que quer resolver esse problema e entregar uma solução. E começa basicamente com a motivação. Afinal, o principal recurso que o empreendedor traz para o negócio que está criando não é dinheiro nem conhecimento, é motivação. Por isso, o chamamos de empreendedor motivado.

Com essa motivação, ele faz coisas inacreditáveis como largar um emprego estável, um valor fixo considerável; em outras palavras, troca o seguro pelo incerto, pelo intangível. Nesse momento, ele pensa no produto. Quando se junta o empreendedor motivado criando um produto que eu chamo de campeão, aí se começa a fazer barulho. A união disso é VENDA.

Um cara motivado como esse com um produto que se vende sozinho, que chama a atenção, com uma oferta irresistível, que entrega mais do que promete, é impossível o resultado não ser vendas. Se você aplica muita motivação e esforço para vender algo que não está saindo bem, significa que você não tem um produto campeão.

A boa notícia é que, a partir do momento em que você entende bem cada uma das três esferas da economia de escala, sabe no que tem que mexer para ter melhores resultados. Por exemplo, se o seu problema ainda é venda, você tem que mexer no produto.

O terceiro item é modelo de negócio, que representa o "como" você vende o seu produto. Uma modelagem de negócios bem feita nada mais é do que pensar a sua empresa como um grande quebra-cabeça, no qual você consegue entender quais recursos precisa alocar, quais atividades-chave vai entregar, o que é *core business* e o que pode terceirizar, que tipo de parceiros precisa para criar uma cadeia de suprimentos eficaz, qual é a sua grande oferta de marca, que tipo de clientes você vai atender, como se clusteriza tudo isso, e o quanto vai gerar de custo e de receita. Se você tem essas informações, consegue criar uma modelagem de produtos bem feita, define a sua esteira de produtos, pensando inclusive na LTV (*Lifetime Value*), métrica de vendas que calcula o lucro total gerado por um cliente enquanto ele continua comprando seus produtos ou serviços. Esses são os três pilares de sucesso de qualquer negócio, independentemente do segmento e do tamanho. Quando juntamos um produto campeão e um modelo de negócio acertado, o resultado é LUCRO.

Quando você tem um bom modelo de negócio e é um empreendedor mais do que apenas motivado, mas também estratégico, aí você tem o CRESCIMENTO. Esse é o ciclo da vida empreendedora. Não existe um bom negócio que não tenha um empreendedor motivado para pensar e repensar o seu produto e fazer o tempo inteiro as vendas acontecerem – afinal, sem venda, nada funciona –, olhar para dentro do modelo de negócio e ver como consegue criar eficiências para gerar lucro e principalmente escala. Mas, para gerar lucro com escala e crescer com lucro e venda, fortalecendo o ciclo, você não pode ser só um cara motivado, precisa ser estratégico. Caso contrário, você para no meio do caminho.

Antes de tudo, é você investindo em si mesmo, nas suas competências e habilidades estratégicas e de gestão, para dar essa guinada dentro do ciclo. O melhor de tudo é que esse ciclo nunca para, está em constante movimento. Se o empreendedor fez o negócio dar certo, está na linha de crescimento e gerando lucro, qual é o próximo passo? Vender o negócio. Isso mesmo, o próprio negócio vira o produto. Aí, ele pega o tempo e a energia dele e coloca em outro negócio e cria outras iniciativas empreendedoras com o mesmo ciclo. Se alguém te falou que existe um fim, está completamente enganado. Quando a gente entende que tudo isso é um ciclo, encontramos o centro desse motor de crescimento, que é a economia de escala. Seja muito bem-vindo à economia de escala, a nova era de crescimento dos negócios. Para saber o caminho e para entrar nesse ciclo, entregue-se a estas páginas.

1. EMPREENDEDOR MOTIVADO

O empreendedor motivado é uma figura de influência, o líder da comunidade que existe dentro do próprio negócio. É bom em tudo e incrível em uma coisa. O dono do negócio deve ser constantemente automotivado, carregado de energia e atitude por todos os poros, independentemente se ganhar ou se perder, se as condições forem favoráveis ou péssimas.

Nesta parte, tenho um pedido pessoal para você. Largue o celular, desligue a televisão. Anote tudo o que tocar a sua realidade e se entregue de verdade. *Por que tanto drama, Rapha?* Porque o assunto agora é papo reto, direto com o personagem principal do seu negócio: você mesmo. O empreendedor motivado é você. Quem vai fazer acontecer antes de qualquer um é você. Quem vai usar todo esse conteúdo a seu favor também é você.

DO OPERACIONAL AO ESTRATÉGICO

Vamos começar falando da dura missão de sair do operacional e assumir a estratégia do negócio, atitude fundamental para o empreendedor escalar a própria empresa. Nesse momento, você já está em campo, precisa sair para a linha lateral e se tornar o técnico do time, podendo a qualquer momento entrar em campo novamente, quando necessário.

O empreendedor é o líder do negócio, é quem leva a cultura, quem define a visão de quem carrega o movimento, é quem faz todas as engrenagens se moverem e crescerem ao mesmo tempo dentro de um movimento de expansão constante.

Existem três níveis de classificação do empreendedor, de acordo com o livro *O mito do empreendedor*, do autor estadunidense e dono de uma empresa de treinamento em habilidades de negócios, Michael E. Gerber:[7] empreendedor operacional, gestor e empreendedor estratégico.

Se você procurar o empreendedor operacional agora mesmo, vai encontrá-lo batendo ponto no negócio, tocando a operação nos detalhes, procurando o estoque do cliente, fazendo planilhas. Nesse contexto, ele precisa lidar com vários problemas: não consegue pensar em crescimento nem focar nada estratégico porque está sobrecarregado. Ele ainda não entendeu que, para fazer o negócio crescer, precisa parar e passar a trabalhar com esse foco, muito diferente do que vem fazendo, respondendo a três e-mails diferentes, "apagando incêndios" a todo momento, tendo que aprender para executar na mesma hora. Era o que eu tinha de recursos na época, então sei bem como é.

---

[7] GERBER, M. E. **O mito do empreendedor**. Curitiba: Fundamento, 2014.

É impossível o empreendedor aceitar ficar preso na operação do dia a dia e pensar em crescimento ao mesmo tempo. É preciso ir para o segundo nível, o de gestor. O gestor entende que o resultado do negócio é a soma de processos e pessoas e passa a deixar os processos da empresa bem estruturados para evitar falhas, para que consiga ler indicadores e fazer gestão com base neles.

Esse é o papel do gestor. Então, quando ele realmente começa a ter os processos nas mãos, com pessoas tocando áreas que ele não tinha condições de terceirizar ou delegar antes, por não ter esses recursos, sabe que está pronto para crescer. Nesse nível, o gestor passa a ser o empreendedor estratégico, sempre pensando em crescimento, modelos de negócio, parcerias, novos produtos e canais, extensão de marca, marca mais forte, evidente e duradoura. Ele deixa de fazer o negócio funcionar e passa a fazer o negócio crescer. Essa é a grande diferença.

Agora quero compartilhar algumas dicas que aprendi na marra nos meus negócios. Coloque-as em post-its aí perto de você:

- Tenha sempre uma coisa em mente: maximize a quantidade de retorno utilizando o mínimo possível de recurso.
- O negócio que você tem agora é apenas um treino para o próximo. Inove, saia da caixa e entenda que a sustentabilidade do negócio é sempre transformá-lo em um novo. É dessa forma que as empresas se perpetuam.
- Sempre se pergunte: "O que posso fazer para melhorar?" ou "Se não está gerando resultado, o que posso fazer de diferente?". Os erros vão levar você a um lugar de aprendizado.
- Em vez de tentar abraçar todos os estágios de um negócio, foque o próximo estágio.

- Aptidão e conexão fazem total diferença quando você está à frente de uma empresa.

EMPREENDEDOR ATLETA

Ser atleta vai muito além de treinar o corpo e buscar a vitória. Comecei cedo nesse caminho por incentivo do meu pai, que também praticava esportes. Testei várias modalidades até descobrir com qual me identificava mais. Fiz judô, natação e futebol até me encontrar no vôlei, aos dez anos. Durante muito tempo, vivi o esporte. A partir dos treze anos, intensifiquei a prática; com quinze, entrei para a seleção estadual e participei de campeonatos brasileiros. Com dezessete anos, fui pré-convocado para a seleção juvenil brasileira.

Com dezoito anos, decidi ir à Europa tentar contrato com um time europeu. Passei dois meses lá treinando e tentando contrato com os times. Não deu certo. Voltei ao Brasil, e minha última tentativa foi ir para os Estados Unidos.

Comecei a receber propostas de técnicos para jogar na liga universitária estadunidense – a principal liga de vôlei –, já que lá não existe uma liga profissional universitária. Para ganhar uma bolsa de estudos, antes de tudo eu deveria saber falar inglês e, depois, passar nas provas. Fiquei seis meses estudando inglês. Só consegui passar na quarta tentativa, e aí foi uma festa. A partir de então, me joguei naquele mundo.

Passei os quatro anos de faculdade nos EUA com bolsa de esporte. Tive que me virar diante de uma nova cultura, em um novo lugar, sem muitos brasileiros por perto. Essa experiência mudou completamente a minha vida, porque, além de ter me tornado uma nova pessoa, foi onde absorvi os pilares do empreendedorismo de alta performance.

Sendo atleta, aprendi que o mais próximo da perfeição só vem com os treinos. E não me refiro somente a jogar melhor, mas também a ser um empreendedor mais preparado, a ter espírito de equipe, a enxergar a disciplina como uma aliada diária. Quem busca a alta performance precisa lidar constantemente com dor física e mental, com a derrota, com a decepção (própria e dos outros) e com pressão de todos os lados.

Agora pergunto: a vida do empreendedor não é isso? Um conjunto de microderrotas e microvitórias diárias. Apesar de na época nem passar pela minha cabeça empreender, o esporte foi moldando a minha mente resiliente e empreendedora. Na minha visão, o empreendedor é um atleta e precisa se considerar e agir como tal. Quando olhamos para o mundo dos esportes de alta performance, vemos quatro coisas em comum entre eles.

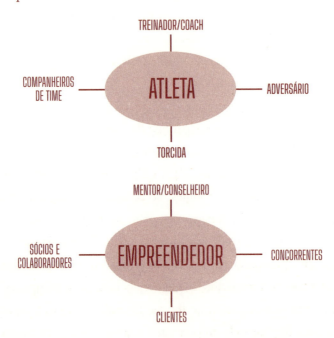

Todo atleta, assim como todo empreendedor, precisa ter uma pessoa acima dele, uma de cada lado e uma abaixo, compondo um círculo de alta performance. Se você reunir todas essas pontas, vai conseguir ser um empreendedor ou um atleta de alta performance. Vamos à definição de quem é quem.

Acima do atleta está alguém que orienta, que avalia de fora, que fica fora do campo olhando os buracos, direcionando, motivando, julgando, criticando para fazer crescer. Quem é essa pessoa no mundo dos esportes? É o técnico. Esse profissional é fundamental para os resultados do time.

Um dos melhores exemplos que posso dar é o do Bernardinho, que por mais de quinze anos treinou a Seleção Brasileira de Voleibol Masculino. O ex-jogador, economista e empresário sempre soube lidar com equipes de estrelas, formar e conduzir lideranças, fazer o time trabalhar em conjunto e manter a posição de primeiro lugar por muito tempo. Porque vender e chegar em primeiro lugar não é a coisa mais difícil. Você sabe o esforço que é necessário e treina até chegar lá. O mais difícil é se manter em primeiro lugar por anos, seja no ranking do esporte, seja no ranking do mercado.

No mundo do empreendedorismo acontece da mesma forma. Todo empreendedor precisa ter um técnico, que é o mentor, e toda empresa precisa ter conselheiros. Os maiores empreendedores do mundo têm mentores, e as melhores empresas do mundo têm conselheiros dentro da governança corporativa.

Quando se implanta a governança na companhia, existe o conselho de administração, cujo principal papel é ter um olhar externo, de neutralidade, agregando experiências de outras áreas, compondo a banca para ajudar o gestor a tomar decisões mais rápidas e acertadas.

Em empresas de capital aberto, é obrigatório ter um conselho de administração no qual existe o presidente, que tem poderes maiores do que os do próprio CEO. Dependendo da votação entre os membros, o presidente pode chegar a tirar o CEO do cargo, como aconteceu com Steve Jobs, que implantou o conselho na Apple e, mais tarde, foi convidado pelo próprio conselho a se retirar da cadeira de CEO.

Jobs não deixou de ser sócio, e muita gente confunde sociedade com função. Como sócio, ele manteve as funções que tinha, o que mudou foi que deixou de ter o salário e a posição de CEO, porque os membros do conselho julgaram que, naquele momento, o fundador não era o melhor para conduzir o negócio. Para ter essa ponte para cima, esse acesso de um conselheiro, é crucial que o empreendedor continue na jornada de crescimento.

Muita gente ainda acredita que um conselho de administração é coisa para empresa grande, mas não é. Toda empresa pode e deve ter uma estrutura de governança, nem que seja um conselho consultivo, que, ao contrário de um conselho de administração, não delibera nem tem poderes nas decisões da empresa, mas pode contribuir de forma consultiva para a melhor tomada de decisão dos administradores. Esse é o caso do conselho que criei na minha empresa, com o qual atraí grandes nomes do mercado pelo sentimento de *giveback*.[8] Hoje, atuo em conselhos de empresas nesse formato também.

Agora vamos tratar de quem fica ao lado do atleta: os colegas de time – no time principal ou no banco de reservas. Sempre pratiquei esportes coletivos, e lembro que os treinos eram entre o time reserva e o titular. Muitas vezes, o time reserva chegava ao nível

---

[8] *Giveback* é uma prática comum no empreendedorismo. Traz a missão de ajudar empresários que estão começando com conselhos ou serviços, retribuindo ao mercado a ajuda que você, quando começou, provavelmente recebeu de alguém. Uma das maiores incentivadoras dessa prática é a Endeavor Brasil, uma organização sem fins lucrativos que convida grandes empresários para serem empreendedores Endeavor, para mentorarem, sem qualquer remuneração, só pelo sentimento de devolver à sociedade empreendedora aquilo que um dia ele recebeu, para que possa fomentar o empreendedorismo das novas gerações no Brasil.

do titular, jogando de igual para igual. Eu sentia que, quando isso acontecia, o time titular crescia e todos evoluíam.

No empreendedorismo, os parceiros de mesmo nível são os sócios e outros empresários do mercado, pessoas com as quais você pode trocar figurinhas, falar na mesma língua. Grupos de networking e associações que se unem em prol de uma categoria são ótimos lugares para se estar e usufruir desse núcleo. Anualmente, invisto mais de 300 mil reais para participar de grupos como esses, que hoje são chamados de mastermind. É um crescimento de carona porque, se eu faço o outro crescer, eu cresço por tabela. E o que é o mundo do empreendedorismo se não um esporte coletivo?

Para marcar um ponto na quadra de vôlei, a bola passa por várias mãos, fundamentos e posições. O líbero toca para o levantador, que precisa confiar e saber o *timing* perfeito de bola para que esteja no momento certo do salto no ar, quando a bola encaixa perfeitamente nas mãos dele, em um instante de sincronia perfeita. Percebe quanta dependência existe na vitória? Performance é dependência, por isso você tem de aprender a dar valor a todos os envolvidos, seja no esporte, seja na empresa.

Do outro lado do atleta estão os competidores. E não tem como negar que eles impulsionam a crescer. Sem o Pelé, o Maradona não seria o Maradona. Sem o Messi, o Cristiano Ronaldo não seria o Cristiano Ronaldo. Sem o Federer, o Nadal não seria o Nadal. Existem vários *cases* de atletas que rivalizaram ao longo da história e que evoluíram impulsionados pelos famosos adversários e pela rivalidade que os unia.

Guardo na memória a cena icônica da despedida do tenista Roger Federer das quadras, em 2022, quando ele jogou ao lado do principal rival, Rafael Nadal, na Lever Cup, contra Jack Sock e Frances Tiafoe. Federer e Nadal jogaram anos e anos um contra o outro, sendo os principais rivais da história do tênis mundial. Os dois emocionaram o mundo ao chorar, se abraçar e se reconhecer no outro. Se você ama esportes, vai se emocionar ainda mais com a cena. Convido você a assistir.

No empreendedorismo, muitas vezes olhamos para a concorrência de forma negativa. Vou dar um exemplo. Meu pai tem uma rede de restaurantes chamada Camarada Camarão, que pertence ao grupo empresarial do qual sou conselheiro. Hoje, a rede tem mais de 25 unidades e plano de expansão para chegar a oitenta até 2028. O ramo de alimentação é altamente competitivo.

Na inauguração da terceira loja, um representante do shopping no qual ela está localizada informou a meu pai que o principal concorrente também abriria uma unidade no local. O meu pai ficou muito irritado, pois não via sentido em ter dois *players* âncoras do mesmo nicho no mesmo shopping. Ele avaliou o próprio negócio e decidiu brigar de igual para igual. Melhorou o cardápio, aprimorou os processos e se tornou ainda mais competitivo. Por quê? Porque quando sentimos a pressão do mercado, nos pressionamos a ser melhores. Quando a loja concorrente abriu, a Camarada Camarão já estava tão melhor do que era que o faturamento não parou de crescer, mesmo com aquela ideia negativa de que os clientes do meu pai seriam "roubados" pela outra rede. O que de fato aconteceu foi que os dois restaurantes só cresceram.

O competidor é sempre capaz de fortalecer o negócio com duas visões. Primeiro, uma visão de fazer crescer o próprio mercado.

Quando você tem um concorrente bom ao seu lado, ele deve ser o seu aliado para fazer o próprio mercado crescer. A segunda visão é a de olhar para o negócio e buscar o aprimoramento dos produtos, dos serviços e dos processos. Quem sabe lá na frente você não se junta ao seu concorrente para expandir ainda mais?

Agora, que tal olhar para o seu concorrente com outro olhar? Marque um almoço, um café ou um podcast com ele. Daqui a dois anos, me conte o que aconteceu. Combinado?

Abaixo do atleta e do empreendedor estão os fãs e os clientes. Todo atleta joga para a arquibancada, afinal, o que seria do esporte sem ela? E o que seria do empreendedor sem os clientes? O cliente deve ser um pilar muito forte para o empreendedor se retroalimentar, escutar o que ele tem a dizer e, por mais que cresça, nunca esquecer por quem faz o que faz.

Mesmo não tendo mais o esporte como minha principal ocupação, ele me presenteou com muitas coisas e pessoas maravilhosas. Conheci a minha esposa por conta do esporte – ela era faixa preta de judô no colégio –, assim como os meus primeiros sócios, que estão comigo até hoje (Pedro Machado, Diego Castro e Felipe Pereira). Me conectei com o Joel Jota e a Larissa Cieslak, que são meus sócios na Konioca e ex-atletas da natação. O esporte continua muito vivo dentro de mim por tudo isso, pelos valores, pelas conexões, pelas histórias que me gerou. Continuo um apaixonado praticante de esportes.

Nessa jornada, também tive mentores e conselheiros que foram minhas referências e ajudaram a resolver muitos problemas específicos da minha empresa. Eu não poderia tratar desse assunto de outra forma senão falando do meu pai, que sempre foi uma das minhas grandes referências de empreendedorismo. O negócio dele foi uma escola e continua sendo um ponto de referência para mim. Em um dos meus eventos, chamei meu pai para contar a história dele. Com um jeitão *low profile*, ele subiu no palco e falou o seguinte: "Rapha, vou falar um negócio que nunca falei antes. Hoje, eu vejo você inspirando milhares de pessoas para empreender e acho uma missão linda, louvável. Posso atestar que você nasceu para isso, literalmente. Porque a primeira pessoa que você inspirou a empreender e a mudar de vida fui eu, e você fez isso enquanto ainda estava na barriga da sua mãe".

Sempre me emociono quando conto essa história, porque de fato sei que ter tido um filho aos dezessete e dezoito anos foi um desafio enorme para os meus pais. Com um futuro inteiro pela frente, eles se viram diante do desafio de gerar e de criar uma família. Então, decidiram ressignificar tudo isso. Eles se casaram quando eu tinha quatro anos e continuam juntos até hoje, sendo o maior exemplo de família para mim.

Na época, meu pai mudou radicalmente. Deixou de ser um jovem que não queria saber de nada sério, assumiu uma grande responsabilidade, virou a chave e começou a empreender comercializando peixe e criando rã, vendendo de porta em porta. Se não fosse por mim naquele momento, talvez hoje ele não estaria onde está. Saber que a primeira pessoa que inspirei a empreender na vida foi ele, antes mesmo de eu nascer, de alguma forma me fez assumir esta missão de vida: inspirar pessoas a realizar sonhos com o empreendedorismo. Esse propósito ficou ainda mais intenso nos últimos dez anos, quando comecei a empreender com franquias, ter sociedades e ajudar pessoas com mentorias, consultorias, cursos e conteúdos. Hoje, consigo fechar esse ciclo, olhar para trás e enxergar onde tudo começou. É bom demais!

Entre mim e meu pai sempre aconteceu uma coisa curiosa. Quanto mais perto eu queria chegar dele em resultado, para mostrar que eu era capaz de empreender e crescer, mais ele crescia e maior ficava essa "distância" entre nós. Em determinado momento, ele mudou a empresa para um dos maiores prédios de Recife e passou a ocupar um andar gigante. O que eu fiz, além de morrer de orgulho dele? Falei: "Um dia também vou estar lá". Na época, eu ainda trabalhava com carteira assinada. Três anos depois, me coloquei literalmente abaixo dele. Hoje a minha empresa fica no andar a baixo da dele. Quanto mais ele cresce, mais eu tenho vontade de crescer e mais ele também quer crescer. É um círculo virtuoso maravilhoso!

Sou muito grato por tudo que os meus pais fizeram por mim, sabendo que eles passaram por tanta coisa. Com apenas 24 anos, minha mãe teve artrite reumatoide, uma doença autoimune severa, que causou uma série de problemas, como a impedir de andar e mexer os braços. Ela superou essa condição e dedicou a vida a nos dar amor (a mim e à minha irmã), um amor infinito que transborda.

Os pais são as referências mais importantes que temos. Muitas pessoas não têm a sorte de ter bons exemplos nesse sentido – no caso, esses pais ainda são referências do que não fazer. Com os meus, aprendi, entre tantas coisas, duas principais lições. A primeira delas é que o papel do líder é servir. Eu busco muito isso, pergunto se o meu time precisa de mim, como eu posso ajudar, como posso colaborar para que eles cresçam dentro dos objetivos que têm.

Para o meu pai, na linguagem do amor dele, servir está em primeiro lugar. Tanto é que está no ramo certo, o de restaurantes. Essa é a paixão dele, ele faz isso com naturalidade, com vocação. Eu aprendi com ele a ser essa pessoa que serve em primeiro lugar, que trabalha para receber, e não que recebe para trabalhar. A segunda lição aprendi com a minha mãe: me doar, ter empatia, transbordar amor para outras pessoas.

QUANDO VOCÊ TEM UM CONCORRENTE BOM AO SEU LADO, ELE DEVE SER O SEU ALIADO PARA FAZER O PRÓPRIO MERCADO CRESCER.

VENDER, LUCRAR, ESCALAR
@RAPHAELDMATTOS

2. PRODUTO CAMPEÃO

Antes de falar de produto campeão, preciso desmistificar o conceito. Produto não é somente o item físico, é tudo o que você vende e o que troca com o seu cliente. A maior parte dos empreendedores hoje acha que só precisa ter um produto e um cliente. Esse é um dos maiores erros. Produto tem a ver com estratégias de esteira e de cultura, como veremos adiante.

O produto campeão, em específico, é o segundo pilar do modelo de negócio escalável. É um produto validado, relevante, apoiado em uma marca forte. Um bom produto deve ter uma parte visual forte como um relâmpago – design, logomarca, cores, comunicação – e uma parte sonora tão forte quanto um trovão, que se espalha, do qual as pessoas falam bem e indicam.

Um produto campeão é diferente, realmente chama a atenção. É capaz de gerar sentimentos e eletrificar as pessoas a tal ponto que elas decidem pagar por ele, até muito mais do que o produto dos concorrentes. Passa uma mensagem e tem um significado maior do que o nível material.

Isso é o que as marcas de luxo fazem. É o que a Disney faz: vende sonhos. Peço a licença de profetizar aqui: acredito que a Disney será a única empresa que nunca vai morrer, porque as pessoas podem mudar – em relação às necessidades, aos interesses, às preferências –, mas todo mundo vai continuar sonhando com a Disney e assistindo às produções dela. Uma empresa que vende sonhos não tem como falir, não tem como pedir recuperação judicial.

O QUE UM PRODUTO CAMPEÃO TEM, AFINAL?

Margem, alto valor agregado, mercado endereçável alto. O produto campeão precisa se transformar em uma marca que comunica três coisas importantes: a visão de quem está vendendo, a visão do que vende e a visão de como faz.

"O que vende" precisa cada vez mais sair de uma figura de produto para o papel de marca. Quando você faz isso, consegue criar uma potência, saindo do seu produto de origem e ampliando a sua marca. Dessa forma, ela se torna muito mais forte do que o próprio produto que a originou. Esse cenário abre a possibilidade de estender a marca, quando a empresa sai do território original e vai em direção a outra categoria em que acredita ter autoridade, bem como de inserir novos produtos e serviços no portfólio da empresa (extensão de linha), quando o fabricante decide multiplicar as opções de produtos a partir de um item existente.

Vejamos alguns exemplos bacanas para você se inspirar. A Ferrari tem dois parques de diversões, o Ferrari World, em Abu Dhabi, Emirados Árabes Unidos, e o Ferrari Land, que fica dentro do PortAventura World, na Espanha. A Granado Pharmácias abriu a Sorveteria Granado Verão na loja de Ipanema (RJ) com sabores inspirados nas fragrâncias da marca e da linha Phebo. A Cacau Show, uma das maiores redes de franquia do país, comprou recentemente o Grupo Playcenter e está montando o segundo resort temático em Águas de Lindoia (SP). O primeiro parque criado foi o Bendito Cacao Resort & Spa, em Campos de Jordão (SP).

O próximo item, "como faz", é o seu modelo de negócio escalável. Costumo dizer que é a máquina interna de transformar recursos e dinheiro em resultado. É como você estruturou o modelo para replicar e fazer o seu negócio crescer, a fim de que ele possa ser eficiente e, cada vez mais, minimizar os recursos e otimizar os resultados, sempre pensando em crescimento. Esse processo envolve a construção de ecossistemas, como veremos mais adiante.

O que você vende e como vende não está escrito em pedra. Por isso, se existir uma forma de fazer melhor, faça. É importante mudar porque, se você está há muito tempo fazendo a mesma coisa e o resultado não cresce (estágio estagnado de crescimento ou platô), duas coisas podem estar acontecendo: ou o seu mercado está saturado ou o seu produto está maturado. Se for esse o caso, mude o seu produto, mude a forma como você o apresenta, aplique novos estímulos, amplie a estratégia de penetração no mercado. Você precisa revisitar o seu modelo de negócios de tempos em tempos, idealmente de três em três anos, porque, seja qual for o negócio, nesse tempo ele deixa de crescer.

ESTRATÉGIAS DE POSICIONAMENTO DE UM PRODUTO ESCALÁVEL

No meu modelo de escala, relevância da marca, valor agregado, aprisionamento saudável e precificação são os quatro níveis que garantem que o produto se posicione bem, seja escalável e tenha sucesso no mercado.

Fonte: Portal do Marketing.

1. **Precificação** – É impossível escalar um produto que não tenha margem. Os atacadistas que me desculpem, mas esse é um negócio impossível de franquear. A premissa para escalar e ter capilaridade de um produto é alimentar "várias bocas". Para isso, o seu markup inicial deve ser razoavelmente alto. Se a sua estratégia de marketing é baseada em preço, você tem um produto commodity, não está agregando valor em nada. Por outro lado, se o seu objetivo é, de fato, se posicionar pelo menor preço, você vai precisar investir em uma ótima gestão de custos e excelência operacional.

2. **Valor agregado** – Para agregar valor ao que você vende hoje, o segredo é plugar benefícios e camadas de serviço às suas entregas. Alguns exemplos: garantia, pós-venda diferenciado, treinamento entregue junto do produto, ações e serviços no ponto de venda, ambiente confortável na loja. Agregando serviços à sua venda, o que antes você vendia por 50 reais pode ser vendido a 500 reais, por exemplo. Nesse caso, o produto muitas vezes fica em segundo plano porque você está agregando valor aos serviços que oferece. Resumindo, o segredo para agregar valor é oferecer serviços.

3. **Relevância de marca** – Se você quer se diferenciar de verdade, porque margem e valor agregado o seu concorrente também pode fazer, crie relevância de marca, transforme o seu negócio em uma marca. Nesse cenário, o seu produto não é mais o centro de nada, o que está no centro é a sua marca, assim como o significado dela. Quando você consegue isso, em vez de clientes você tem fãs. Se a sua empresa ainda não tem clientes que defendem a marca no mercado, que comprariam tudo o que a sua marca criasse, mesmo não tendo a ver com você, só com a marca, o seu negócio ainda não tem relevância. Desculpe, mas

esse é o termômetro. Um exemplo é a Red Bull. Não vemos a marca fazendo campanhas de preço, mas a vemos vinculada a esportes radicais e eventos esportivos. Eles focam a emoção e a experiência. Se procurarmos a marca nas redes sociais, dificilmente vamos encontrar publicações de produto.

4. **Aprisionamento saudável** – É quando você cria uma estratégia de barreiras de saída, o que dificulta o abandono, a desistência do cliente. Nesse caso, a recompra e a renovação são automáticas. O esforço de sair e ir para o concorrente é muito maior. São ações que vão além do contrato. Por exemplo: Apple, empresas de telefonia e internet. Essas empresas têm um valor a longo prazo (LTV) gigante com os clientes. Franquia também é um sistema de aprisionamento, e um dos mais eficazes. Há sete anos virei masterfranqueado de uma franquia estadunidense de pizza para representar o Brasil. Passei mais de um ano só remodelando, homologando fornecedor, pensando em cardápio diferente. Vendi quatro franquias para um empreendedor de Goiânia (GO) que pagou a taxa de 50 mil reais e se comprometeu com um royalty de 6% do faturamento. Depois disso, parei de vender essa franquia e comecei a tocar outros negócios. Há sete anos com o projeto parado, com custo interno baixo, eu ganho 36 mil reais por mês e ao todo já faturei 3,02 milhões de reais. Isso é LTV. Todo empreendedor deveria saber quanto cada cliente vai gerar de valor no longo prazo para o negócio. Para isso, você precisa fazer cálculo de recompra, de recorrência, de ticket médio, o que em uma franquia é previsível devido ao contrato de cinco anos. O franqueado já tem o plano de negócio, os dados de faturamento, de custos e tudo o que precisa saber para começar com segurança.

5. Esteira de produtos[9] – Uma estratégia bem feita prevê vários produtos para o mesmo cliente dentro de uma jornada de longo prazo na qual o cliente passa de um grau de consciência mais baixo para um mais alto, percorrendo esteiras durante o processo. Nessa esteira, existem alguns tipos de produto:

a. Produto gratuito – Você provavelmente já deu o seu contato em troca de e-books gratuitos. Esse contato vira lead para a empresa trabalhar o marketing e as vendas.

b. Produto quase de graça – A empresa oferece o produto a um preço irresistível, mas com alto valor percebido. O cliente compra com aquela sensação de ter feito um ótimo negócio. Se você fizer bem essa estratégia, que eu chamo de "no brainer", o cliente vai comprar achando que está levando de graça, além de entrar no seu processo de vendas. A partir daí, você começa a criar um relacionamento com ele.

c. Produto *front-end* (de entrada) – Está lá na frente na sua esteira de produtos e costuma ser oferecido por um valor baixo, embora já possa gerar lucro para a empresa. Assim, o cliente tem uma barreira de desconfiança muito menor porque já conhece a sua marca. Dessa forma, você cria um relacionamento e vai entregando os produtos que ele quer, personalizando a entrega e aumentando a barreira de saída usando a confiança.

d. Produto *mid-end* (do meio) – É oferecido por um preço maior do que o anterior e tem maior valor agregado.

---

[9] ADOLPHO, C. Crie uma escada de produtos para aumentar o faturamento da sua empresa. Conrado, 12 jan. 2022. Disponível em: www.conrado.com.br/aumentar-faturamento-escada-produtos. Acesso em: 4 maio 2024.

e. Produto *back-end* (final) – Por ter um ticket mais alto, também tem um valor percebido bem maior. Nele, a empresa disponibiliza ao cliente soluções mais profundas e diferenciadas.

f. Produto *high-end* (final) – Produtos com um ticket altíssimo que geram muito lucro para o negócio. É um produto mais diferenciado do que o *back-end*, geralmente adquirido por clientes que já têm um relacionamento com a empresa e já sabem que podem confiar na entrega.

g. Produto supremo – Empresas que querem oferecer ainda mais aos clientes optam por um produto com uma solução extremamente diferenciada. Nesse caso, a empresa convida a pessoa a adquirir o produto.

A empresa que só tem um tipo de produto obviamente está perdendo muito potencial, porque o principal ativo não é o produto, e sim a base de clientes.

Vejamos um *case* que exemplifica bem o quadrante de posicionamento. Nos Estados Unidos, uma marca fez um experimento social no qual montou uma loja de luxo com o nome fictício Palessi, com visual de alto padrão e disposição diferenciada, porém encheu as prateleiras com sapatos da marca Payless ShoeSource, marca popular de sapatos femininos, com preços baixos, de 12 a 20 dólares. Para a inauguração da loja falsa, a marca convidou vários influenciadores de moda, que, encantados com os produtos naquele espaço de luxo e acreditando que estavam diante de itens de alta moda, afirmavam que pagariam valores estratosféricos por produtos que na verdade custavam cerca de 1.800% a menos. Essa "pegadinha" mostra a grande diferença entre trabalhar níveis distintos de posicionamento para um mesmo produto.

Quando você começa a aplicar o quadrante de relevância de marca, passa a se preocupar com a história que quer contar, com a embalagem em que vai colocar o produto e com tudo o que se refere à marca. Enquanto a Payless é uma loja popular, sem valorizar excessivamente o produto, sem criar desejo nem trabalhar gatilhos de escassez, a Palessi trabalhou o contrário, criando muito status e desejo, deixando os produtos bem espaçados um do outro, exibidos como artigos raros. Eles criaram toda uma história que envolvia funcionários com vestimenta padronizada e vitrines chamativas. O mesmo produto era vendido a 25 dólares na Payless e a 400 dólares na Palessi. Esse *case* é emblemático e, para mim, uma grande aula prática do quadrante do posicionamento que mostrei.

Depois de conhecer os pilares do negócio escalável, você está pronto para dar o próximo passo e entrar de cabeça e coração na metodologia SCALE. Você vai descobrir que serviço – o primeiro passo do método – vai muito além do que imaginava.

05.
SERVIÇO

Toda empresa é também uma empresa de serviços.

Você já deve ter lido muito por aí as palavras "produto" e "serviço" separadas por uma barra (/): produto/serviço, como se uma empresa tivesse que escolher entre as duas alternativas – ou vende produto ou vende serviço. Já parou para pensar que, em algum momento da experiência do seu cliente, mesmo que você venda produto, você também disponibiliza um serviço?

Esse meu olhar começou a ser construído nas minhas interações com o mercado dos EUA. Lá, os empreendedores são mestres em transformar qualquer tipo de negócio em um negócio de serviço, mesmo aqueles que nasceram ofertando produtos. Depois de visitar um dos maiores eventos de varejo do mundo, o Retail's Big Show, da National Retail Federation (NRF), nos Estados Unidos, minha primeira decisão foi nunca mais deixar de visitar esses encontros internacionais, porque me geram o famoso choque de realidade. Aliás, isso é uma coisa que indico e faço muito. Costumo levar minhas turmas de imersão para visitar negócios grandes e aprender com eles, respirar aquele ar de "é possível".

Percebi – e essa foi uma das mais importantes viradas de chave da minha vida – que os negócios estavam focando cada vez mais serviços e cada vez menos produtos. Esse é um movimento que continua acontecendo no mundo inteiro. O produto virou commodity e, com isso, você passa a brigar com grandes *players* que sabem ganhar em preço, como a Amazon e a Magazine Luiza, por exemplo. Então, se você só tem relação de produto com o seu cliente, o seu negócio vira só mais um brigando com gigantes por míseras fatias de mercado.

Nesse processo, comecei a ver que empresas conhecidas por comercializar produtos estavam lançando serviços para os clientes. O Walmart, por exemplo, lançou um serviço chamado *pick-up*, que consiste em ter funcionários para guardar as sacolas no porta-malas de quem compra na loja. Esse tipo de serviço está bombando lá nos EUA desde então.

A partir daí, comecei a enxergar serviço em tudo. Via serviços no Starbucks, no Walmart e até no Hard Rock Cafe. Ficou muito claro para mim que serviço estava em tudo o que essas grandes marcas faziam e criavam. Nesse mapeamento, identifiquei cinco tipos de serviço que as empresas oferecem com o objetivo de criar fidelização, relação de valor agregado e distanciamento do padrão de commodity: conteúdo, conveniência, bem-estar, economia e entretenimento.

5 TIPOS DE SERVIÇO QUE VOCÊ PODE OFERECER AO SEU CLIENTE

Mais do que resolver uma questão do consumidor, o *customer service* é essencial para ter um posicionamento estratégico no mercado. O que faz uma empresa ser líder em um setor específico é a capacidade de dominar o mercado com um serviço de qualidade, ainda que a entrega final seja um produto. O maior exemplo disso é a Apple, que, além de vender smartphones, se destaca como uma marca que oferece atendimento de alta qualidade, com funcionários treinados e dispostos a ajudar em todas as etapas de venda e pós-venda, bem como serviço de sincronização entre os produtos, como Apple

Watch, iPhone, AirPods, iPad e MacBook com todos os programas e aplicativos interligados.

SEJA UMA REFERÊNCIA DE QUALIDADE. AS PESSOAS NÃO ESTÃO ACOSTUMADAS A AMBIENTES ONDE A EXCELÊNCIA É ESPERADA.
– Steve Jobs

Vamos aos cinco tipos de serviço:

- **Conveniência**: os consumidores estão cada vez mais exigentes e buscando menos atrito nas relações de consumo. Eles querem comprar com um clique, não suportam mais esperar em filas e buscam comodidade. Se nos lembrarmos de dez anos atrás, era normal esperar em filas para pagar uma conta ou fazer qualquer transação no banco. Era uma relação frustrante, mesmo parecendo normal: ficar na fila, ir para o caixa, depositar um cheque, sacar dinheiro, coisas que hoje fazemos pelo celular em menos de um minuto. Foi assim por muito tempo, até que os negócios perceberam que o consumo, os clientes e o mercado já estavam com fácil acesso à informação, a produtos de qualidade, a logística, tudo na palma da mão. Investir nisso seria uma forma de continuar se diferenciando no mercado. Aí assistimos a um "boom" das lojas de conveniência durante a pandemia de covid-19. Muitos negócios que por anos foram pautados exclusivamente em produto e menor preço mudaram porque o preço já não era mais o que as pessoas estavam buscando.
- **Conteúdo**: enquanto quem vendia produto passou a oferecer serviços para se diferenciar, o que fizeram os negócios de serviço?

Sabemos que determinados negócios não nasceram para vender produtos, como consultorias, empresas de educação e bancos. Mesmo assim, essas empresas também potencializaram os serviços. O e-banking passou a entregar serviços melhores ao consumidor. Empresas de consultorias começaram a oferecer conteúdo gratuito aos clientes por meio de eventos, palestras, diagnósticos, tudo isso para vender mais conteúdo. A Apple tem lojas projetadas para que não existam vendedores, e sim consultores e especialistas. Atrás dos balcões tem uma área livre para qualquer cliente fazer um agendamento gratuito com os "genius", que oferecem qualquer tipo de atendimento e serviço de conteúdo de que o cliente precise no momento. Eles sabem que as lojas vão continuar relevantes com serviços de que o mercado precisa. Que serviço é esse? Conteúdo e educação. Quando a venda é baseada na educação, a empresa educa o consumidor para que consuma mais da marca, uma estratégia inteligente que empresas de moda, por exemplo, com estilistas dentro das lojas, vêm adotando com maestria.

- **Economia**: é entregar uma solução mais econômica para o seu cliente em comparação com as que ele já encontra no mercado. Um exemplo é a loja American Eagle da Times Square, em Nova York (EUA). Dentro da loja foi montada uma lavanderia com serviço gratuito. Os clientes podem colocar as roupas na máquina e, enquanto ela está lavando, esperar na loja (única condição). Assim, a loja gera um serviço de experiência de economia para o cliente e, ao mesmo tempo, o mantém na loja por mais tempo. Esse contato próximo é o que o varejo tem buscado em oposição à tendência de compras on-line.

- **Bem-estar**: o Starbucks transformou uma cafeteria, um mercado que só vendia produto – café –, em um negócio de experiência. O cliente pode usar o Wi-Fi de graça, pode trabalhar em um lugar aconchegante com poltronas mais confortáveis do que tem em casa, com mesas amplas. Ele se sente acolhido e, como se não bastasse, vê o próprio nome escrito no copo de café. Inclusive, a personalização é um efeito fortíssimo de experiência que está dentro de bem-estar. Você se sente bem quando se sente único, valorizado. Esse exemplo, além de bem-estar, inclui economia e conveniência.

- **Entretenimento**: quem busca diferenciação investe em entretenimento nos negócios. Toda empresa deve ter pilares de entretenimento para melhorar as experiências dos clientes. A Netflix é um negócio de entretenimento. O Hard Rock Cafe não é um negócio de restaurante: com a temática do rock, ele vende experiência, shows, marca e, como consequência, bebida e comida. A marca é tão forte que a camiseta icônica do Hard Rock é uma das mais vendidas do mundo. Quer prova maior de que eles conseguiram criar experiência e efeito de marca? Nos restaurantes é possível encontrar peças de artistas do rock espalhadas em quadros pelas paredes. De tempos em tempos, os garçons param de atender para dançar no palco.

O Brasil, felizmente, está começando a ver o entretenimento como uma estratégia para empresas. Negócios temáticos em Gramado, na Serra Gaúcha, como as pizzarias Hector e Cara de Mau, inspiradas nos negócios estadunidenses, estão investindo em proporcionar experiências diferentes aos clientes. Um exemplo de restaurante temático que também é franquia é o Mundo Animal, a lanchonete temática infantil que tem crescido muito nos últimos anos.

CUSTOMER EXPERIENCE

O negócio que investe na experiência do cliente é sempre mais lucrativo e tem maior valor agregado. Existem estatísticas que defendem a importância de criar experiências que façam o consumidor fidelizar. Você sabia que 55% dos consumidores pagariam mais por uma melhor experiência com a marca? Que 80% dos consumidores mudam para o concorrente após mais de uma experiência ruim? E que 50% das pessoas passam a comprar de outras marcas após uma experiência negativa? Pois é, os dados não mentem, e provavelmente você já sabia de tudo isso. Todos nós somos consumidores e conhecemos a sensação de ser bem atendidos e de ter experiências inesquecíveis com uma marca.

O *case* que vou contar agora é muito representativo porque abrange todos os tipos de serviço que acabei de mostrar – e aconteceu comigo. Em uma das idas e vindas para levar e buscar minha filha na escola, vi que havia uma barbearia no caminho. Até então, sempre tinha feito a barba e cortado o cabelo longe de casa porque nem sabia que tinha uma opção mais perto. Em um sábado de manhã, lembrei dessa barbearia. Peguei a bicicleta e fui até lá. Chegando ao local, dei de cara com um lugar organizado, embora pequeno, com duas pessoas, um barbeiro e uma recepcionista. Como sou curioso, fui logo perguntando:

— Este lugar é novo?

— Abrimos há quatro meses.

— Que legal, eu não conhecia.

— Se é a sua primeira vez aqui, deixe eu me apresentar. Meu nome é Aly, e a nossa barbearia funciona assim: temos um aplicativo que vai lhe dar muito mais conveniência. Nele, você pode fazer os agendamentos, o pagamento e acompanhar o programa de fidelidade com *cashback* atrelado à sua frequência.

— Legal, um negócio pequeno com tudo isso. Por acaso é franquia?

Mesmo não sendo, concluí que o negócio já havia nascido pensando em ser franquia, por ter esse olhar direcionado à experiência do cliente. Na sequência, ela perguntou o meu nome e me encaminhou para o barbeiro. Me ofereceu um cafezinho, escolhi um expresso, e me perguntou de que tipo de música eu gostava. Já surpreso, respondi: "Gosto muito de uma banda chamada Boys Avenue". Ela então colocou a banda para tocar na TV. Durante o atendimento, comentei que estava calor. Ela se desculpou porque tinham acabado de abrir e ligou o ar-condicionado na mesma hora. Tudo certo. Após o atendimento, fui embora.

Depois de três semanas – o tempo para cabelo e barba começarem a crescer –, fiz um novo agendamento pelo aplicativo. Chegando lá, a Aly me recebeu na porta. Logo que entrei, senti um frio de Gramado lá dentro. Na televisão, estava tocando Boys Avenue. A Aly lembrou da minha banda favorita. Me encaminhou ao barbeiro e me ofereceu o expresso que eu havia pedido da última vez. Fiquei pensando: "Não é possível,

O QUE FAZ UMA EMPRESA SER LÍDER EM UM SETOR ESPECÍFICO É A CAPACIDADE DE DOMINAR O MERCADO COM UM SERVIÇO DE QUALIDADE, AINDA QUE A ENTREGA FINAL SEJA DE UM PRODUTO.

essa banda deve estar tocando naquele looping infinito do YouTube há três semanas. Eles não devem ter feito de propósito só porque eu gosto. O ar-condicionado deve estar no modo turbo sem querer, e o café expresso deve ser de praxe oferecer aos clientes". Depois, ainda chegaram minha esposa e as meninas, fazendo uma avalanche lá dentro. A Aly colocou musiquinha para elas e foi tudo ótimo. Fui embora, mas fiquei com aquilo na cabeça e agendei a minha volta. Eu precisava ter certeza de que eles não tinham feito aquilo de propósito.

Cheguei lá e tudo se repetiu: a música, a temperatura e o expresso. A Aly me recebeu assim:

— Bom dia, Raphael. Seja bem-vindo de volta, como é bom ver você por aqui novamente. Aquele expresso, né? E me conta, como estão a Angelina e a Dulce?

— Para com isso. É sério? Você veio de onde? Me responda uma coisa, com sinceridade. Isso que você está fazendo foi uma das melhores experiências que eu tive na vida. É padrão da marca ou você que é assim?

— Sou eu.

Lembrando que ela não era a dona, era a atendente. Pedi autorização para tirar uma foto dela porque, a partir daquele dia, eu ia contar essa história nas minhas palestras e treinamentos. Isso mostra como a gente consegue, mesmo pequeno, gerar experiências únicas, diferenciadas, trabalhar serviço para encantar e fidelizar os clientes no detalhe, nas mínimas coisas. E isso não custa caro.

Meses depois, a Aly montou o próprio salão, e aquela barbearia nunca mais foi a mesma. O empreendedor não conseguiu fazer tudo aquilo que vivenciei lá virar padrão e que os processos que fossem adotados por outras pessoas que não tenham o mesmo jeito de atender da Aly. Foi uma pena.

COMO MELHORAR A EXPERIÊNCIA DO CLIENTE COM A SUA MARCA

Antes de tudo, coloque-se no lugar do seu consumidor. O que você gostaria de receber no lugar dele? O que ainda não fizeram e você acha que os seus clientes gostariam? Como você e o seu negócio podem ajudar as pessoas a se sentir bem? São perguntas que ajudam a enxergar o seu negócio com os olhos do seu público. Muitas vezes, na rotina intensa, o empreendedor não consegue ter esse olhar e vai se distanciando das pessoas pelas quais trabalha. É preciso reconectar, estreitar os laços, voltar ao propósito inicial.

E não pense que para surpreender o consumidor é preciso fazer ações e investimentos mirabolantes. O básico bem-feito ainda é um diferencial. Ações simples que encantam, como o *case* da barbearia. Comece por aí. Depois, com o tempo, vá aprimorando o processo. Antes de treinar a sua equipe e os seus colaboradores, treine esse olhar de empatia com o seu cliente. Personalize ao máximo o atendimento e o suporte, se houver. Supere as expectativas das pessoas que procuram as suas soluções. Invista na capacidade de resolução de problemas, diminua o tempo e os esforços do cliente para atingir os objetivos dele.

O SEU SERVIÇO COLOCA UM SORRISO NO ROSTO DO SEU CLIENTE?
– Philip Kotler

Para fechar com chave de ouro ou, melhor, com a energia de um raio, transforme todas essas ações na cultura do seu negócio. Se quiser saber como, avance uma página.

06.
CULTURA

Cultura é pertencimento.

Você sabia que a cultura organizacional é como um gerente invisível que exerce uma grande influência na empresa? O problema é que, muitas vezes, esse gerente é mal treinado e influencia negativamente a equipe. Felizmente, uma cultura forte é capaz de excluir quem não está em sintonia com ela. Tenho certeza de que apareceu uma nuvenzinha carregada aí na sua cabeça agora.

Esse fato pode parecer ruim, mas deixar ir quem não está alinhado é uma ótima maneira de garantir que todos os colaboradores estejam trabalhando em prol de um objetivo comum e engajados com os valores e a missão da empresa.

O QUE É CULTURA EMPRESARIAL

Como alguém que aprendeu a liderar empresas e sentir orgulho dessa liderança, cultura para mim sempre foi uma das grandes áreas de estudo e aprofundamento. Confesso que sou completamente apaixonado pelo tema.

Também chamada de cultura organizacional, a cultura empresarial é um conjunto de elementos (crenças, valores e normas) que ditam como a organização conduz os negócios e como trata clientes, parceiros e fornecedores. A cultura influencia diretamente o clima interno – e digo mais: profetiza o sucesso de uma empresa.

Não adianta usar palavras bonitas para falar de cultura empresarial se não prestarmos atenção aos detalhes do dia a dia, porque é neles que a cultura se mostra. Acredito que cultura é o que a empresa é, faz e vive, são os rituais, tudo o que ela faz para construir e manter o legado. Está nas pessoas, e quem a carrega é sempre o empreendedor, em um processo *top down*, de cima para baixo.

Antes que você me pergunte como criar tudo isso, preciso dizer o seguinte: o difícil não é definir uma boa cultura para a sua empresa, o difícil é fazê-la durar e funcionar no dia a dia dos colaboradores. É a cultura que permite que os negócios se mantenham relevantes ao longo do tempo, não o produto nem a dor que você resolve.

Quando duvidar da importância da cultura para um negócio, leia esta frase:

A CULTURA DEVORA A ESTRATÉGIA NO CAFÉ DA MANHÃ.

– Peter Drucker

Você pode ter contratado a melhor empresa de consultoria do mundo para criar o melhor planejamento de todos, porém, se a cultura não estiver adequada, voltada para a realização dos objetivos e flexível para que possa se moldar à estratégia, esqueça tudo, porque não vai funcionar.

Preciso contar uma história incrível que retrata bem a importância desse tema. O Airbnb começou em 2007 quando dois amigos recém-formados de São Francisco, na Califórnia (EUA), ficaram sem dinheiro para pagar o aluguel e decidiram alugar um espaço com três colchões de ar, aproveitando que muitos hotéis da cidade estavam lotados por causa de um festival de design. O primeiro nome da empresa foi Air Bed & Breakfast, em referência aos colchões de ar e um café da manhã com torradas que foi oferecido aos hóspedes.

Eles encontraram uma oportunidade de mercado, uma dor latente que eles próprios compartilhavam e lançaram um protótipo. Deu certo, e eles pivotaram o negócio. Depois de já terem criado todo o conceito e o movimento do Airbnb com aquele time, marcado pela energia e vibração, participaram de rodadas de investimento. Na terceira rodada, um investidor colocou 150 milhões de dólares na mão deles, e a primeira coisa que ele falou não foi "Bora ganhar dinheiro juntos" ou qualquer coisa do tipo, foi: "Don't fuck up the culture" ("Não destrua a cultura da empresa)".

Não basta olhar para fora e admirar os *cases* em que a cultura foi brilhantemente implementada. O que você precisa neste momento é olhar para dentro e escanear como está a cultura do seu negócio. Vou ajudar você nisso.

COMO ESTÁ A CULTURA DA SUA EMPRESA?

Quando montei o meu primeiro negócio, as perguntas que me fiz foram: "Como vou atrair pessoas para trabalhar comigo nesta empresa?", "Que ambiente vou criar para que elas tenham o mesmo sentimento de pai que eu tenho?". Por coincidência, a minha primeira empresa nasceu junto com a minha primogênita, a Julieta. A criação das meninas ocorreu em paralelo à criação dos negócios. E, assim como não temos manual para criar filhos, não temos manual de cultura empresarial. Pelo menos era isso que eu achava, até que, estudando o tema, encontrei um modelo que fez muito sentido para mim.

O modelo de cultura contrastante chamado Metodologia de Diagnóstico de Cultura Organizacional,[10] de Kim Cameron e Robert Quinn, se divide em dois eixos: o x (horizontal) classifica as empresas em termos de flexibilidade (para cima) e em relação a controle (para baixo), ou seja, as de cima são mais flexíveis e as de baixo são mais rígidas; o y (vertical) divide o externo do interno. Empresas focadas no interno têm uma cultura mais voltada às pessoas e ao time, enquanto empresas focadas no externo se voltam ao mercado e às tendências dele.

Analise os quadrantes e busque identificar onde você e sua empresa se encontram.

No quadrante "apoio" (interno com flexibilidade), existe a cultura de "fazer com", voltada para dentro, que valoriza a colaboração

---

[10] CAMERON, S. K.; QUINN, E. R. **Diagnosing and changing organizational culture**: based on the competing values framework. Hoboken, NJ: Jossey-Bass, 2011.

acima de tudo. Em vez de perguntar o que o cliente quer, o líder pergunta o que o colaborador quer e o que acha que ele deveria fazer. Os líderes colaboradores olham para dentro e agem junto para resolver o problema.

No quadrante "regras" (interno com controle), o foco é "fazer certo". O líder quer fazer o justo, está preso a processos, sem margem para erros. Ele olha para dentro e indica como as coisas devem ser feitas nos mínimos detalhes. Alguns modelos de negócios pedem esse perfil de cultura, como a área da saúde, cujos erros podem gerar impacto direto e irreparável em terceiros. É o quadrante oposto ao da inovação, mas isso não significa que o líder deve se acomodar. O ideal é que ele transite pelos dois mundos.

No quadrante "objetivos" (externo com controle), a cultura é "fazer rápido". É a empresa que diariamente está avaliando as metas, com planejamento e controle absurdos, acompanhando as métricas de tudo, com o foco de bater meta, vender e gerar resultado. O líder prioriza o controle, mas um controle para fora, de expansão com meta e objetividade.

No quadrante "inovação" (externo com flexibilidade), o foco é "fazer primeiro". A cultura é testar, errar, corrigir, fazer novamente. O líder está sempre pesquisando novas tendências, é adepto a ideias e novos modos de fazer as coisas.

Neste momento, começamos a notar as características de cada negócio. As do modelo de apoio são participação e coesão. As do modelo de regras são informação e estabilidade. As do modelo de objetivos são planejamento e produtividade. E as do modelo de inovação são crescimento e rapidez.

Notou que são perfis contrastantes? Não tem como o líder ser muito certinho e ao mesmo tempo inovador, por exemplo. Mesmo em empresas dentro de um ciclo de vida ou de um segmento que pedem um líder justo, coerente e zero margem de erro, em algum momento será preciso inovar, já que a inovação é crucial para o desenvolvimento de um negócio e para a perpetuidade de uma empresa.

Conhecendo esses perfis, você consegue identificar que tipo de negócio tem e que tipo de líder é. O ideal é buscar um equilíbrio e principalmente entender qual é a lacuna do negócio dentro do seu ciclo de vida, ou seja, o que é necessário hoje para que, você, como líder, adapte o seu modelo de cultura e de liderança e passe a servir a empresa de outro jeito.

Pegando o meu próprio exemplo, sempre fui um cara aberto, liberal, que pede opinião para todo mundo. No começo da minha trajetória, eu era definido como o líder colaborativo. Depois de um tempo, migrei o meu perfil principal de liderança para o inovador. E me tornei alguém que não só se abria para sugestões e opiniões como também olhava para o mercado, muito mais para fora do que para dentro. Comecei a estudar mercados internacionais e fazer negócios fora do Brasil. Passei a levar para a minha empresa visões diferentes e novas ideias, até muitas vezes exagerando na quantidade.

Temos na empresa um ritual chamado "A ideia genial". Nele apresentamos o planejamento estratégico e, quando chega ao plano de ação, sempre tem espaço para "as ideias geniais do Rapha". Então, durante muito tempo, se alguém perguntasse aos meus sócios e colaboradores quem era o Rapha, eles responderiam: "É o cara das ideias". Recentemente, estou me vendo como uma mistura disso tudo. Continuo dando ideias e colaborando, mas percebi que também preciso ser objetivo e pensar no planejamento. Como empreendedores, devemos estar o tempo inteiro observando e entendendo essas lacunas, porque as habilidades que precisamos adquirir para o próximo passo normalmente não são as que temos hoje. Sempre tem algo em que podemos evoluir.

Com base nesses quatro valores concorrentes, existem quatro tipos de cultura corporativa: clã, adhocracia, mercado e hierarquia. A partir de agora, vamos analisar cada quadrante em relação ao estilo de liderança e aos valores.

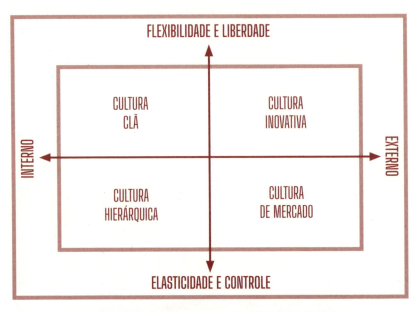

TIPOLOGIA DA CULTURA DE CAMERON E QUINN

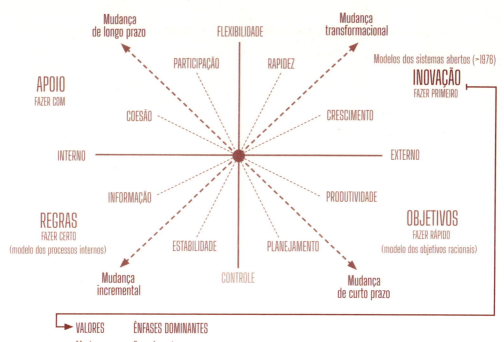

O quadrante da inovação mostra uma empresa focada em inovação dentro da cultura de adhocracia. Esse nome inusitado vem da expressão latina *ad hoc*, que significa "para isso". Essa cultura tem como mantras a inovação, o sucesso e a flexibilidade, e está presente em empresas com a mentalidade no futuro e na produção de novos produtos. O líder nesse cenário é um empreendedor que motiva a equipe a arriscar, testar, errar e aprender. É uma cultura típica de indústrias modernas, como de tecnologia e aeroespacial.

Essas empresas devem incorporar valores como mudança, adaptação, iniciativa, diversidade e competição, além de incentivar o crescimento, o risco, a iniciativa, a responsabilidade, a otimização dos recursos humanos e o uso de dados científicos.

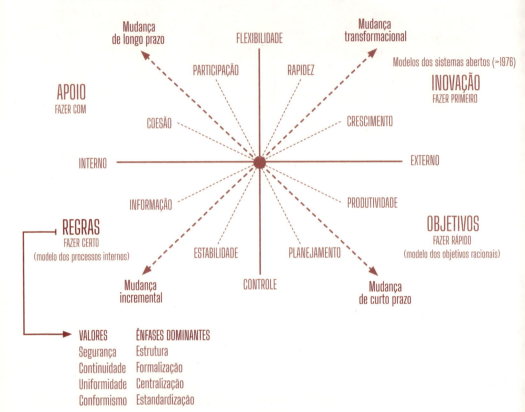

No lado oposto do quadrante está a cultura da hierarquia, o tipo mais comum nas empresas. É marcada pela hierarquia, pela estrutura, pelo controle e pelo "fazer certo". O líder, muito respeitado pela equipe, fica focado no processo e no trabalho dos colaboradores. É centralizador, e isso deixa a comunicação mais lenta e cheia de barreiras.

Essas empresas devem incorporar valores como segurança, continuidade, uniformidade e conformismo na cultura organizacional, além de incentivar a estrutura, a formalização, a centralização e a estandardização.

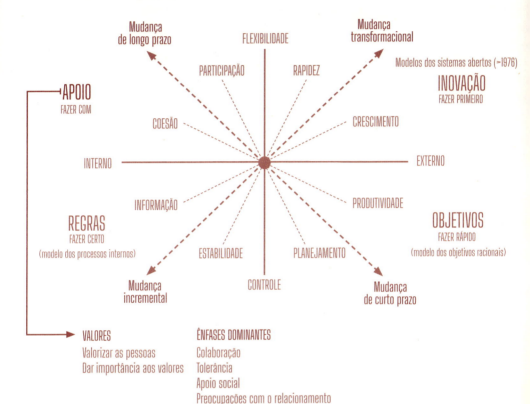

A cultura de clã é muito presente em empresas familiares, sendo amigável, otimista e gerando uma equipe muito coesa entre si. O foco é construir e manter uma cultura forte e priorizar o bem-estar dos colaboradores.

Os líderes costumam ser bastante respeitados e vistos como "paizões". Dão e pedem feedbacks, compartilham os valores e as metas da empresa com todos, geram um ambiente agradável de união e colaboração. É uma cultura típica também de startups.

Essas empresas devem valorizar as pessoas e dar importância para os valores, além de incentivar a colaboração, a tolerância, o apoio social e os relacionamentos.

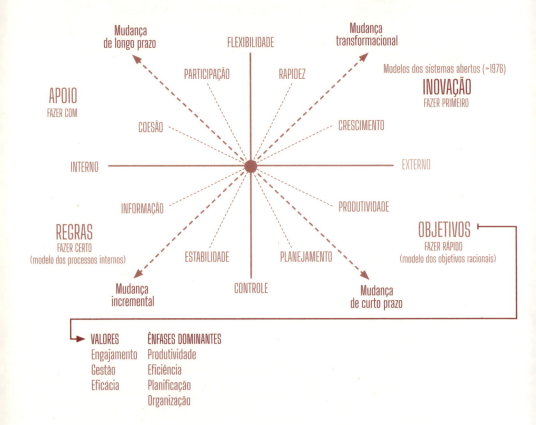

Do lado oposto está a cultura de mercado. Mais orientada a resultados e desempenho e menos a trabalho de equipe e bem-estar interno. O líder pressiona a equipe a ter metas ambiciosas, focando a participação de mercado e o lucro. O grande objetivo da empresa é se posicionar no topo do setor. Essas organizações devem adotar valores como planejamento, gestão e eficácia, além de incentivar a produtividade, a eficiência, a planificação e a organização.

Esse exercício mostra que é preciso ser um pouco de tudo, embora, na maior parte do dia, deva-se focar um dos perfis. Estou curioso para saber em que nível está a cultura do seu negócio e em qual você se enxerga como líder. A minha dica é: estude esses conceitos e faça esse exercício. Assim você vai saber como adequar a sua cultura para o seu planejamento, não vai deixar que ela engula a sua estratégia no café da manhã e não vai estragar essa cultura, que é tão importante para fazer o seu negócio crescer e criar valor. Combinado?

COMO A CULTURA É CONSTRUÍDA

A cultura organizacional é muito mais do que simplesmente um conjunto de valores ou regras escritas. Ela é o coração da empresa, norteia todas as ações e as decisões e pode influenciar diretamente o sucesso ou o fracasso do negócio. Existem algumas maneiras de construir a cultura do seu negócio.

RITOS E RITUAIS

As "cerimônias" ocorrem dentro das organizações e podem envolver desde comemorações quando se atinge uma meta ou quando um colaborador faz aniversário, por exemplo, atividades de lazer em equipe e até ações de integração de novos colaboradores. Os ritos fornecem senso de segurança e identidade diante das mudanças culturais e das variadas situações vividas nas organizações.

Veja os principais tipos de rituais, conforme o objetivo da empresa.

Tipos de ritual	Funções	Ênfase de focagem	Exemplos
Rituais de passagem	• Facilitar a mudança de papel ou de estatuto. • Restabelecer o equilíbrio das interações sociais. • Proporcionar sentimentos de pertença. • Facilitar a identificação organizacional.	Individual	Promoções, transferências, programas de formação.
Rituais de degradação	• Facilitar a diminuição de poderes e de estatuto. • Publicitar a existência de problemas e redefinir as fronteiras do grupo. • Dissolver a identidade organizacional e o poder dela.	Individual	Despromoções, despedimentos.
Rituais de reconhecimento	• Valorizar desempenhos importantes e motivar outros a fazer o mesmo. • Reforçar a identidade organizacional e o poder.	Individual	Prêmios de recompensa pelo desempenho.

continua >

Tipos de ritual	Funções	Ênfase de focagem	Exemplos
Rituais de renovação	• Aperfeiçoar as estruturas organizativas. • Melhorar o sistema de funcionamento. • Reforçar o sistema legítimo de autoridade.	Grupal	Programas de mudança organizacional, introdução de novas técnicas de gestão e de novos processos de trabalho.
Rituais de integração	• Reafirmar a riqueza das normas e dos costumes em uso. • Revitalizar sentimentos de solidariedade. • Encorajar e reviver sentimentos comuns que unem as pessoas e que nem sempre são possíveis no contexto organizacional.	Grupal	Festas, almoços, jantares, conferências.

A cultura organizacional da Google, por exemplo, oferece valiosas lições sobre gestão de pessoas. Conceitos como liberdade com responsabilidade, transparência, horizontalidade e envolvimento dos colaboradores são as chaves para manter um índice muito baixo de rotatividade de funcionários – menos de 3% nos últimos quatro anos de Google Brasil.

RELACIONAMENTO COM OS CLIENTES

Você não tem só um cliente, tem vários tipos de cliente, então precisa aprender a vender para cada um deles. Você considera o seu funcionário um cliente? Não? Saiba que ele é seu cliente interno. Pronto, já estão devidamente apresentados.

Se você não tiver ferramentas e produtos para vender para ele, vai perdê-lo – mais cedo ou mais tarde. *Devo vender o que para o meu funcionário?*, você pode estar se questionando. Basicamente, ideias, segurança, carreira e futuro. Os seus sócios e franqueados também são seus clientes, e para eles você vai vender parceria, resultados, segurança, independência financeira, entre tantas outras coisas importantes para cada um deles. Percebeu como as coisas ganham novos significados com a mudança de perspectiva?

A empresa precisa identificar os múltiplos clientes que tem, para entender como pode vender melhor para cada um deles. No caso do franqueado, para que ele cresça, gere mais resultados e se conecte ainda mais com você. No caso do funcionário, para que ele vista a camisa, queira crescer e lidere pessoas. No caso do investidor, para que ele queira comprar a sua empresa.

Então, antes de tudo, saiba que o seu negócio é um produto. Você está pronto para vender esse primeiro produto – que é a sua empresa? Provavelmente não, porque a premissa básica para vender algo é saber quanto vale. Você sabe quanto a sua empresa vale? Estou falando de *valuation based*, gestão baseada em valor.

Uma organização de capital aberto na bolsa de valores tem flutuação diária no valor de mercado, dependendo de fatores externos e internos, e o mesmo acontece na sua empresa. A diferença é que ninguém fica sabendo – muitas vezes, nem mesmo você. Cada vez que você vende mais, investe mais em governança, sistema, tecnologia, pessoas, processos e gera mais resultados, a sua empresa cresce em valor. Às vezes, você nem consegue perceber esse valor ou, ao contrário, a empresa está perdendo valor e você não enxerga.

Você já deve ter percebido que no mercado de trabalho a ordem se inverteu. Antigamente, era você que queria saber da vida do candidato a uma vaga na sua empresa. Hoje, é ele quem quer saber de você e da sua marca. Inclusive, já chega na entrevista perguntando: "Que benefícios a empresa oferece? Como é o plano de carreira? Como é a cultura?". Se você não souber se vender para o seu *prospect* a colaborador, ele simplesmente parte para outra oportunidade. E não adianta reclamar da geração Y ou Z. Para quem já é seu colaborador, não pense que o jogo acabou, você precisa constantemente vender futuro a ele ou o *turnover* alto será uma consequência inevitável.

Pode anotar aí. A principal habilidade de um empreendedor é vender futuro. Se souber fazer isso, você será capaz de vender qualquer coisa para qualquer um, pois terá entendido a ótica de por que as pessoas compram. Elas compram para ter benefícios futuros. Os alunos dos meus workshops, por exemplo, compram o meu curso porque querem ter benefícios futuros: mais conhecimentos, mais probabilidade de fazer a empresa crescer, mais chances de aumentar o faturamento. O mesmo acontece quando um cliente compra algo seu e quando os seus colaboradores decidem trabalhar ao seu lado todos os dias. Os benefícios podem ser a carreira, o dinheiro no fim do mês ou a equipe.

Sabendo vender o futuro, você transforma a sua empresa em uma marca empregadora. E, quando isso acontece, você sabe que ganhou o jogo. Existe até um selo para isso: Great Place to Work (GPTW – Melhor Lugar para se Trabalhar). É uma entidade mundial que, através de pesquisas, consegue identificar se a empresa é de marca empregadora. Cada vez mais, selos como esse estão se tornando uma vantagem competitiva no mercado, porque esse reconhecimento aumenta o *valuation* da empresa ao demonstrar ao mercado que ela tem cultura, uma das coisas mais importantes para qualquer negócio. Se a sua organização vende para pessoas e não tem uma cultura bem feita que as incentive a estar lá, um colapso pode acontecer a qualquer momento.

Na etapa de recrutamento e seleção, você começa a se vender, a se mostrar como uma marca empregadora e a entender quais são os principais valores que vai gerar para o seu cliente interno. Ele, então, "compra" a sua ideia, e você o recebe no primeiro dia. A partir desse momento, você começa a entregar cultura e tudo o que ele espera. A melhor forma de começar um relacionamento é alinhando as expectativas. Elabore perguntas como: "O que você espera da empresa? O que espera de mim como gestor? O que está buscando aqui?".

Não é por acaso que começo todos os meus eventos com uma pergunta poderosa: "O que você está fazendo aqui?". Ela guia todas as minhas ações daquele momento em diante. Dependendo da resposta do público, posso até mudar o foco da apresentação que eu havia planejado. Por exemplo, se a maioria responde que está no evento para aprender estratégias de uso do Instagram, eu falo desse tema, e não de franquias. Muita gente erra nessa etapa por não fazer esse alinhamento de expectativas.

Uma das coisas que contribui para que isso aconteça da maneira correta é ter uma cartilha do que é a sua empresa. Entregue-a para todo novo colaborador, para que ele saiba quem é a empresa, quais são os valores, a missão, a visão empresarial, onde está e aonde quer chegar. Apresente o organograma e o modelo de negócio. Muita gente trabalha por meses sem saber direito o que a empresa faz, porque estão presos em uma sala emitindo nota fiscal o tempo todo. É claro que dessa forma pouca gente vai vestir a camisa da organização e dar o melhor de si.

Outra coisa que contribui é *job description* (descrição do cargo), que deixa claras todas as atividades que a pessoa deve executar e pelas quais será cobrada. O papel do gestor é colocar as pessoas certas nos lugares certos dentro da empresa.

Depois de alinhar as expectativas, a próxima etapa é o treinamento, cuja duração depende do nível de complexidade do negócio e das atividades. Por exemplo, sabe quanto tempo dura um treinamento para o franqueado do McDonald's estar apto a abrir uma franquia da marca? Nove meses. Por que tanto tempo só de treinamento? Porque é a última etapa do processo seletivo. É isso mesmo, a seleção ainda não acabou.

Se a pessoa fica todos os dias, por nove meses, vivendo o negócio, ouvindo reclamações de clientes, sentindo aquele cheiro de hambúrguer e batata frita, resolvendo problemas internos sem pedir para sair, significa que está pronta para ser franqueado. Entendeu o que é ter a cultura de "ketchup na veia", como eles falam. Imagine se esse treinamento levasse duas semanas, como a maioria faz, em vez de nove meses. As chances de o franqueado desistir logo no início seriam gigantes, porque ele não teria tido tempo de respirar a cultura e o dia a dia do negócio.

Para o time comercial, defina uma competição, coloque uma meta e estipule uma recompensa para o vencedor. Coloque isso em prática e verá o seu time comercial vender como nunca. Sim, isso é uma promessa. Quando você começa a ter essas atitudes e a adotar essas práticas, passa a entrar no mundo da cultura de vendas, que é um universo gigante, digno de um livro só para ele.

Depois do treinamento, você deve fazer o acompanhamento de perto (*follow through*). Nas minhas franquias, chamo isso de incubadora. Nossos franqueados recém-inaugurados, depois de treinados, entram em um programa de três meses no qual são assessorados de uma forma diferente, com uma equipe diferenciada, dentro de outro tipo de relação. Após o treinamento, há o período de acompanhamento para tirar dúvidas com os padrinhos, quando a pessoa se sente acolhida, segura e amada.

Só depois de tudo isso é que você passa a delegar. Perceba quantas etapas existem até chegar a esse ponto. Daqui para frente, começa o trabalho *on going* de feedbacks, com um programa de desenvolvimento individual (PDI), que é uma ótima ferramenta de sistema de avaliação de pessoas. Na minha empresa, todas as quartas-feiras são dia de feedback formal, fora o informal, que sempre incentivamos. Temos um programa que avalia as pessoas de 0 a 100 para as ajudar a seguir o caminho que desejam, dentro do plano de carreira de cada uma.

Se você não tem um plano de carreira, comece a investir nisso. Como? Com um simples organograma – atual e futuro. Toda organização precisa ter isso. Se você conseguir fazer um plano de carreira associado a um planejamento estratégico da empresa, quando ela crescer em faturamento será possível prever de quanta gente e estrutura vai precisar. Assim, fica mais fácil compartilhar com o novo colaborador quais são os planos da empresa para si mesma e para ele. E você consegue vender futuro. Por exemplo: "Daqui a três anos, a nossa franquia vai crescer 20%, por isso precisamos de gente boa ao nosso lado. Quer crescer junto?". Fica mais atrativo, não fica?

O PAPEL DO GESTOR É COLOCAR AS PESSOAS CERTAS NOS LUGARES CERTOS DENTRO DA EMPRESA.

VENDER, LUCRAR, ESCALAR
@RAPHAELDMATTOS

SALÁRIO EMOCIONAL

O colaborador precisa de mais do que dinheiro.

Além de um salário justo e de benefícios, os colaboradores precisam de um em entrevista para o portal *BBC*, "salário emocional" para que se sintam valorizados e motivados no trabalho. Esse conceito se refere a fatores intangíveis que influenciam a satisfação do funcionário, como reconhecimento, oportunidades de crescimento, ambiente agradável de trabalho, equilíbrio entre vida pessoal e profissional, entre tantos outros.

Segundo a mexicana Marisa Elizundia, especialista em recursos humanos, o salário emocional[11] corresponde a cada um dos elementos que ajudam a pessoa a crescer em todas as esferas da vida. Mas não vá pensando que ele substitui um salário baixo em dinheiro. A história não é essa por dois motivos. Primeiro, porque, remunerando bem o seu colaborador, ele se sente valorizado e respeitado. Isso é fato. Segundo porque o salário emocional é um complemento ao salário econômico. Juntos, os dois formam uma força potente que ajuda a construir e a espalhar a cultura da sua empresa.

Elizundia cita uma pesquisa realizada em mais de vinte países e em vários tipos de empregos. A análise encontrou dez aspectos que ajudam a mensurar o salário emocional:

1. **Autonomia**: o que cada um sente para administrar os próprios projetos.

---

[11] BLASCO, L. Os 10 fatores que definem o "salário emocional". **BBC News Mundo**, 18 fev. 2021. Disponível em: www.bbc.com/portuguese/geral-56107779. Acesso em: 5 maio 2024.

2. **Pertencimento**: sentimento de fazer parte de um grupo que valoriza e reconhece o trabalho realizado.
3. **Criatividade**: para trabalhar soluções no dia a dia, independentemente do tipo de trabalho que se realiza.
4. **Plano de carreira**: o colaborador sabe onde está e aonde pode chegar na empresa, o que proporciona segurança, visão de futuro e engajamento.
5. **Prazer**: trabalho também pode e deve ter momentos de descontração e leveza, o que colabora para a sensação diária de bem-estar dos colaboradores.
6. **Dominar a função**: um trabalho bem feito é capaz de gerar orgulho, reconhecimento e motivação para se aprimorar cada vez mais.
7. **Inspiração**: ampliar possibilidades dentro do trabalho, o que inspira e leva a novas perspectivas e soluções.
8. **Crescimento pessoal**: desafios encarados e vencidos que constroem o crescimento pessoal.
9. **Crescimento profissional**: desafios que ajudam a aprimorar as habilidades e os talentos no caminho para o crescimento profissional.
10. **Propósito**: certeza de que há uma missão no trabalho que oferece às pessoas, o que se encaixa com os propósitos pessoais e gera sentido para tudo o que se faz.

O ideal é olhar com bastante atenção para dentro do seu negócio e ouvir as necessidades do seu time, de quem faz acontecer. O que mais importa para eles? O que gostariam que existisse que ainda não tem? Aí vão algumas ideias de salário emocional: folga no dia do aniversário, sexta-feira com horários flexíveis ou com a possibilidade de trabalho remoto, creche para os filhos, benefícios sociais, atividades de voluntariado, espaços internos de lazer, rituais de reconhecimento e planos contínuos de treinamento.

Mesmo colocando em prática todas essas ações, a cultura não se sustenta sem uma liderança forte que tenha a mesma pegada.

LIDERANÇA SERVIDORA

Cultura é pertencimento. Escalar propósito gera pertencimento.

A liderança tem um papel fundamental na construção e na perpetuação da cultura de um negócio. Acredito muito na liderança servidora, uma abordagem que prioriza o bem-estar dos liderados e busca servir as necessidades deles em vez de buscar apenas o benefício próprio do líder. O foco é desenvolver e capacitar o time para que, juntos, líder e liderados, alcancem os objetivos em comum.

DICAS DE LIDERANÇA SERVIDORA

- Esteja sempre apto a fazer aquilo que o fez chegar até aqui. Liderança que está de "saco cheio" de fazer o que precisa ser feito não é liderança.
- Vender, recrutar, treinar e engajar são seus quatro pilares.
- Venda futuro para o seu time comercial.
- Tenha uma visão clara de quem está no campo de jogo.
- Crie vias de acesso e lidere no máximo seis pessoas.

MODELO DE LIDERANÇA COM BASE NOS VALORES CONTRASTANTES

Cabe ao líder da equipe ou ao gestor estimular os colaboradores a renovar a energia diariamente e a encontrar significado no trabalho. Para isso, é preciso que o líder tenha habilidades de comunicação e empatia para compreender as necessidades individuais de cada funcionário e oferecer o suporte adequado em cada caso.

Se você é o líder, antes de pedir que o time vista a camisa da empresa, vista você essa responsabilidade e esteja aberto a criar desafios estimulantes com a sua equipe. Faça reuniões de *brainstorming*, dê e peça feedbacks, trace metas audaciosas com bonificações, proporcione momentos de *happy hour*, ofereça participação nos lucros e, em todas as oportunidades, promova rituais de reconhecimento, celebração e valorização. Seja o líder que a sua empresa precisa – mais do que isso, seja o líder que você sempre quis ter.

Como agora você já sabe como ser um líder melhor e criar a tão sonhada cultura da sua empresa, está na hora de saber mais da importância da associação para o seu negócio escalar a níveis que você nunca imaginou.

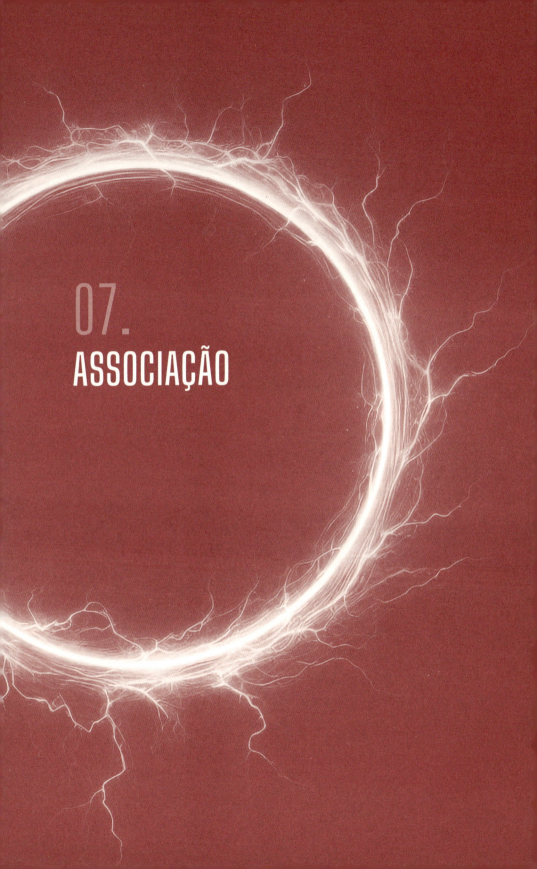

07.
ASSOCIAÇÃO

*Todo empreendedor que quer fazer
o negócio crescer precisa de uma sociedade.*

Cultura é a base para qualquer tipo de negócio crescer. Para construí-la e mantê-la, o empreendedor sempre vai depender das pessoas. Toda empresa precisa de colaboradores, sendo que o principal colaborador é o fundador, quem teve a visão, a ideia, que moveu muitas forças, quebrou crenças e paradigmas, investiu dinheiro e energia para colocar o negócio de pé. Com o tempo, essa pessoa começa a se aglomerar, atraindo outras, geralmente sócios, para dividir conquistas, prejuízos, lucros e histórias, o que é gratificante e ao mesmo tempo desafiador.

Quando falo em associação, eu me refiro principalmente à sociedade. Acredito e repito que todo empreendedor que quer fazer o negócio crescer precisa de uma sociedade. Embora exista um histórico de negócios e iniciativas de empreendedores com problemas nesse quesito, não enxergo outro caminho. Hoje, o empreendedor tem diante dele um mercado muito dinâmico, veloz, com muitas transformações em tempo real. Não tem como uma pessoa sozinha encabeçar todas essas iniciativas, então o sócio estratégico, aquele que complementa em competência e habilidades o que o outro não tem, é uma peça valiosa nesse quebra-cabeça.

PRECISAMOS FALAR DE SOCIEDADE

Sociedade empresarial não é um assunto que se trata em palestras, cursos e eventos de empreendedorismo. Quase não há livros sobre isso. Não se vê métodos relacionados a isso. Infelizmente, é ainda um assunto velado no empreendedorismo. Eu considero esse tema urgente, tanto é que o escolhi para ser um dos pilares do método SCALE, que estou compartilhando com você nesta obra.

A sociedade é um fator que determina se o negócio vai crescer ou não – e, antes disso, se vai sobreviver ou não. Já vi muito empreendedor ter uma ideia boa, ser cheio de habilidades, navegando em um mercado incrível em constante crescimento, tendo tudo para dar certo. Porém o sócio era do tipo âncora, com uma força antagônica que travava o negócio. Muitas vezes, por não ter iniciado uma relação profissional correta, com acordo de acionistas, com as regras bem divididas e claras, esse sócio acaba com a motivação do empreendedor e, consequentemente, destrói o negócio.

Isso ocorre com muita frequência, inclusive já aconteceu comigo. O negócio era meu "bebê", da faculdade para o mercado, tudo teve muito de mim. Para que desse certo, aprendi a consertar celular na marra, comprava as telas, me relacionava com fornecedores da China. Chamei um amigo para ser meu sócio e tive uma das maiores desilusões da minha vida. Na época, fiquei muito triste, pensei até em acionar a justiça, vivi uma situação pela qual muita gente passa diariamente. Quando ela acontece, você não sabe a quem recorrer porque não vê ninguém falando disso, tem dúvidas se está certo ou errado em cobrar alguma coisa do sócio e fica inseguro quanto a qual atitude tomar.

Vai ser duro o que vou falar agora: você pode ter o seu melhor amigo como sócio, mas se não tiver regras claras, acordo de acionistas assinado e alinhamento de expectativas, ele pode, de repente,

ASSOCIAÇÃO   121

virar um inimigo. O que me conforta é que, se eu estivesse preso ao negócio até hoje, não teria chegado aonde cheguei, não teria crescido o que cresci, não teria aprendido como aprendi e, provavelmente, não seria o autor deste livro.

Foi uma experiência que me ensinou como fazer melhores sociedades, tanto em relação à escolha dos sócios quanto aos melhores acordos societários. São duas coisas diferentes. Os motivos pelos quais você escolhe alguém para ser seu sócio devem estar bem claros, assim como os critérios dessa sociedade em âmbitos como participação justa e divisão de regras e tarefas. Sociedade não é função. Se você é sócio e ao mesmo tempo está no operacional da empresa, está pagando para o diretor, que é você mesmo, exercer essa função. O salário que os sócios pagam ao sócio operador é chamado de pró-labore. O sócio que não opera o negócio não ganha pró-labore, somente a divisão de lucros.

Para definir o pró-labore que o sócio operador deve receber, a melhor forma é observar o valor que o mercado está pagando para esse tipo de profissional. Se você fosse contratar alguém, um diretor operacional ou CEO, por exemplo, quanto pagaria a ele? Esse é o seu pró-labore. O restante é distribuição de lucros.

Para uma sociedade dar certo, é fundamental, urgente, necessário e indispensável existir um documento chamado acordo de acionistas, que, aliás, deve ser assinado antes de os trabalhos começarem.

ACORDO DE ACIONISTAS

Quando você monta uma sociedade, precisa criar todas as regras e as inserir no acordo de acionistas. Atenção: ninguém pode começar uma sociedade sem esse termo. Também é importante destacar que contrato social é diferente de acordo de acionistas, não tem o mesmo efeito.

Conheça as principais cláusulas que devem constar no documento:

- Regras da marca: quem é o dono da marca, os dois sócios, na mesma proporção?
- Regras no caso de a empresa virar franqueadora.
- Direito de preferência na venda de ações: a legislação brasileira garante aos sócios o direito de preferência na subscrição de novas ações, considerando o percentual de participação na sociedade, o que não vale para a compra e a venda de ações já existentes. Se não houver essa cláusula, você pode ser surpreendido com a venda de ações de um dos sócios a um terceiro, sem ter a oportunidade de comprar as ações antes.
- *Tag along* (direito de venda conjunta): estabelece que, se um sócio vender ações a terceiros, os outros sócios têm o direito de vender as próprias ações pelas mesmas condições. Isso evita que você, da noite para o dia, se veja com um novo sócio que nem conhece ou com o qual não se identifica. Essa cláusula protege principalmente o acionista minoritário.
- *Drag along* (obrigação de venda conjunta): no caso de o acionista majoritário receber uma proposta de venda das ações e da sociedade, o *drag along* dá a ele o direito de vender junto as ações dos minoritários, desde que nas mesmas condições.
- Aumento de capital: regras que prevejam as hipóteses relacionadas ao aumento de capital, além dos critérios para a definição do preço de novas ações. Isso evita que um sócio minoritário fique de fora da definição de preço das ações.
- Regras de saída de um dos sócios: se um dos sócios quiser sair da sociedade, quanto ele ganha? Se você quiser vender a sua

participação para alguém, pode negociar sozinho, vender por qualquer preço? Essa cláusula define as regras nessas situações.

Se tudo isso não estiver claro, cada sócio pode fazer o que achar que deve e o que considerar correto dentro dos próprios valores. Nos momentos de abundância, quando todo mundo está ganhando dinheiro, a sociedade é linda, até poética, porém, quando os desafios começam a aparecer, você passa a conhecer, de fato, o seu sócio. Confie em mim.

Desse tema, a governança corporativa não pode ficar de fora. Adoro falar disso porque sei na prática que faz uma baita diferença no processo de escalar um negócio e fazê-lo durar.

GOVERNANÇA CORPORATIVA

Depois de definir o acordo de acionistas, existe outro nível: começar a exercer bem as regras internas. Cada um dos sócios toca as próprias áreas e responde às metas referentes às funções, participando das reuniões de diretoria, que são diferentes das reuniões de sociedade.

Nas reuniões de diretoria, os sócios analisam os resultados das áreas específicas de cada diretor. Já nas reuniões de sociedade, eles analisam os resultados da empresa como um todo, fazem planejamento para o futuro, avaliam se os sócios estão exercendo os papéis que deveriam exercer, conversam sobre os objetivos de cada sócio, entre outras coisas.

Essa prestação de contas a que os sócios se submetem nas reuniões de sociedade é uma espécie de treino para a governança corporativa, um passo essencial para empresas que têm crescimento como objetivo. Ao criar o conselho consultivo, você dá espaço para pessoas externas, mais experientes e que já trilharam o mesmo caminho, avaliarem o que está sendo feito na sua empresa. Esse hábito de prestar contas é muito sadio, acredite.

Muitas vezes, em uma sociedade, especialmente se formada por dois sócios, opiniões divergentes podem travar o crescimento do negócio. Tendo outras pessoas para opinar fica mais fácil decidir e acertar nas decisões.

TIPOS DE SOCIEDADE

Antes de criar uma sociedade, é fundamental conhecer os tipos existentes.

MONEY (INVESTIDOR)

Sócio que injeta dinheiro na empresa em troca de *equity* (porcentagem da sociedade) e ganhos financeiros posteriores.

PARTNERSHIP

Empresas que dão a opção de os funcionários virarem sócios. Isso fortalece a cultura do negócio e aumenta o engajamento.

SMART MONEY (CONSELHEIROS, MEDIA FOR EQUITY, PARTNERSHIP):

Modalidade de sociedade que vem crescendo com as redes sociais. O sócio troca serviços de mídia pela participação no negócio. Existem muitos *cases* desse tipo de sociedade, como Joel Jota, Anita, Caio Castro e Sabrina Sato. O mais famoso é a parceria da apresentadora Xuxa Meneghel, que em 2015 se tornou embaixadora e sócia da Espaçolaser. Em troca, a empresa recebe ampla exposição nas redes sociais da Xuxa, que conta com mais 11 milhões de seguidores. A sociedade deu tão certo que a marca realizou IPO de mais de 2 bilhões de reais em 2021.

SMART MEDIA MONEY (SÓCIOS ESTRATÉGICOS, CAPITALISTA/INSTITUCIONAL)

Sócio que agrega habilidades e expertise em alguma área específica. Por exemplo, o fundo de investimentos que fez a primeira rodada na Camarada Camarão agregou não só dinheiro, mas também expertise e acesso ao mercado. A Konioca, empresa da qual sou sócio com o Joel Jota, é outro exemplo de sociedade *smart money*; entramos com dinheiro, consultoria, estratégia e mídia.

Hoje, quem tem a atenção das pessoas tem um poder gigante nas mãos. A mídia, em pouco tempo, passou por um processo massivo de descentralização, saindo de poucos *players* que detinham poderes de mídia, como canais de TV e jornais, para o ponto de cada um poder ter o próprio programa de TV, controlando a narrativa e criando comunidades e audiências. Esse movimento é forte no Brasil.

Há estatísticas[12] que indicam que 73% dos brasileiros já compraram algum produto ou serviço com base na indicação de uma personalidade digital. Estamos na era dos defensores digitais, dos podcasts – sabia que o brasileiro é o povo que mais escuta podcasts no mundo? –, de pessoas que estão saindo do anonimato para virar celebridade rapidamente. Então é natural que as grandes marcas estejam atrás dessa galera, patrocinando, fazendo *collabs* (colaborações) e outros tipos de parceria.

Alguns influenciadores já estão saindo do nível de vender publicidade e fazer parcerias de público, enxergando a oportunidade de

---

[12] 73% dos brasileiros já compraram influenciados pelas redes sociais. **Sebrae**, 20 dez. 2022. Disponível em: https://sebrae.com.br/sites/PortalSebrae/conteudos/posts/73-dos-brasileiros-ja-compraram-influenciados-pelas-redes-sociais,f4073d58eaf25810VgnVCM 100000d701210aRCRD. Acesso em: 6 maio 2024.

criar associações mais fortes, de troca de mídia por participação na empresa, por exemplo. Empresários estão percebendo que ter um garoto-propaganda clássico já não funciona mais, porque é uma imagem comprada de um banco de imagens que não representa, não defende e não fala da marca nas redes.

O processo de contratação de imagem do garoto-propaganda foi evoluindo. Começou com marcas comprando a imagem para fazer uma foto sorrindo. Em troca, a marca teria efeito associativo com a imagem dele e passaria a mensagem automática ao mercado de que pessoas com aquelas características naturalmente seriam atraídas pelo produto.

Depois que esses garotos-propaganda começaram a criar os próprios canais, a contar as próprias histórias, além de usar a própria imagem e dar personalidade para a comunicação, tudo mudou. Uma nova modalidade surgiu: influenciadores. Começaram a vender publicidade deste jeito: "Comprem este produto. Os benefícios dele são tais. Vale a pena". Assim, eles começaram a fazer publicidade e a ganhar dinheiro; a marca conseguia certa visibilidade e parava por aí.

Com o tempo, surgiu a necessidade de o influenciador ter um vínculo maior com a marca, para evitar falar do produto e na semana seguinte divulgar um concorrente. Começou, então, o terceiro nível dessa relação de mídia: embaixadores de marca. São pessoas que defendem a marca e, inclusive, fazem parte de reuniões da empresa. É alguém que faz a ponte, que fala da marca, mas que também a defende quando alguém a menciona na internet, fica vigiando como a marca está sendo mensurada nas redes e participando com opiniões.

O último nível que está chegando agora ao mercado é o de embaixadores, que não só defendem a marca, mas também têm participação no negócio como sócios. A mensagem que se passa a partir daí é: "Podem confiar, estou dentro da empresa, sou sócio". Em contrapartida, eles ganham uma porcentagem na participação da empresa.

Um dos primeiros exemplos desse modelo de sociedade foi Michael Jordan. Ele não tem participação na empresa, mas tem participação nas vendas dos produtos, o que representou uma evolução no mercado. Jordan tem a própria linha de tênis da Nike (o Air Jordan) e ganha com a venda de cada par, o que segundo a *Forbes* chega perto dos 260 milhões de dólares por ano.

POR COMPETÊNCIA

Sócio que não entra com dinheiro, mas com alguma complementaridade que pode ser dividida em competência/habilidades e serviços que outros sócios não têm. Esse sócio coloca o serviço e o tempo dele de operação em troca da sociedade.

Dentro do sócio por competência está o sócio operador. Quando o Outback decidiu vir ao Brasil, em vez da franquia, implantou o modelo já bem-sucedido de expansão da marca: o sócio operador. Virou um modelo campeão, tanto que a Camarada Camarão decidiu expandir de forma muito similar e hoje conta com mais de vinte unidades e um projeto grande para abrir mais de oitenta lojas em quatro anos.

Estando envolvido na Camarada Camarão, aprendi muito sobre fundos de investimento, por meio dos quais os negócios acabam tendo aportes muito maiores de investidores, o que viabiliza um crescimento muito mais rápido do que se conquistaria sozinho. Há quatro anos, a Camarada Camarão recebeu aporte de um fundo que fez o negócio crescer e gerou muitos ganhos para a empresa. Se tivesse sido de forma orgânica, não teria crescido tão rápido, não implantaria a gestão de governança e não profissionalizaria a empresa. Hoje,

COMO SEMPRE REPITO NOS MEUS TREINAMENTOS, O FUTURO DE TODO NEGÓCIO É FALIR, SER HERDADO OU SER VENDIDO.

VENDER, LUCRAR, ESCALAR
@RAPHAELDMATTOS

estamos em outro momento, em uma posição muito maior, buscando novas rodadas e novos investimentos para continuar escalando.

Por isso acredito que o futuro de todo negócio é passar pelos degraus de crescimento até a venda. Como sempre repito nos meus treinamentos, o futuro de todo negócio é falir, ser herdado ou ser vendido.

COMO TRANSFORMAR DIFERENÇAS ENTRE SÓCIOS EM VANTAGENS COMPETITIVAS

A premissa básica para uma sociedade é ter complementaridade.

Mesmo tomando todos os cuidados necessários, os conflitos em uma sociedade empresarial são inevitáveis, pois os sócios podem ter diferentes personalidades, expectativas, objetivos e ideias de como gerenciar o negócio. No entanto, a forma como os sócios lidam com os conflitos pode determinar o sucesso ou o fracasso da empresa.

Em vez de evitar ou suprimir as diferenças, é possível transformá-las em uma vantagem competitiva para a empresa. Para isso, é necessário adotar uma abordagem colaborativa, na qual os sócios sejam capazes de se comunicar de forma clara e respeitosa, entender as perspectivas uns dos outros e buscar soluções que atendam aos interesses de todos.

Uma das formas de transformar diferenças em vantagem competitiva é estimular a diversidade de ideias e experiências. Ao valorizar as habilidades únicas de cada um, a empresa pode ter uma equipe mais criativa, inovadora e preparada para enfrentar desafios. E isso vale para toda a equipe, não apenas para os sócios.

Outra possibilidade é criar um ambiente de confiança e respeito mútuo, em que os sócios se sintam à vontade para expressar opiniões e sentimentos sem medo de represálias ou retaliações. A transparência e a honestidade na comunicação também são fundamentais para evitar mal-entendidos e construir um relacionamento saudável entre todos.

Por fim, é importante lembrar que, em alguns casos, conflitos podem indicar a necessidade de reavaliação das estratégias da empresa ou mesmo a saída de um sócio que não esteja alinhado com os valores e os objetivos do negócio. Nesses casos, é preciso ter maturidade e habilidade para lidar com a situação de forma justa e profissional.

Com a palavra, os meus sócios.

Uma sociedade de sucesso é aquela cujos sócios se complementam, divergindo nas ideias sobre o negócio, mas convergindo nos valores. No começo da sociedade, vez ou outra, tínhamos atritos. Pedrinho, nosso terceiro sócio, já estava acostumado com o Rapha; eu, ainda não.

Rapha, extremamente criativo e inovador, vinha com ideias mirabolantes e pensamentos totalmente fora da caixa, mudando de opinião o tempo todo. Eu, com background mais técnico, até por conta da formação em Computação, mestrado e doutorado em Gestão de Projetos, era bem mais metódico e pé no chão. Em comum, tínhamos a integridade, a transparência, a vontade de fazer acontecer e o interesse genuíno em ajudar as pessoas a realizarem sonhos.

Com o tempo, aprendemos a trabalhar em conjunto, e minha admiração por ele só cresceu. Ser sócio de Rapha é uma experiência ímpar. Dotado de uma coragem e energia sem igual, ele sempre tem uma ideia genial para nos tirar da zona de conforto e levar nossos negócios para o próximo nível.

(Felipe Pereira)

* * *

John Rockefeller disse que "uma amizade criada nos negócios é melhor do que negócios criados na amizade". Pode ser, John. Mas há exceções. Eu e Rapha nos conhecemos desde os catorze anos. Hoje, já são vinte anos de amizade. Nossa sociedade mais antiga, das três empresas que temos juntos, fez dez anos. Ex-companheiro de equipe de vôlei, amigo, irmão, camarada – e sócio.

Acredito que na sociedade, independentemente das divergências, o foco em um objetivo único e significativo para todos permeia as ações e os comportamentos na sociedade. Além de valores pessoais similares que ajudam muito nas decisões.

Rapha sempre foi o sócio mais visionário e mais ousado. Sempre nos desafiando a elevar nossos negócios a outro patamar. Tem um olhar ímpar para o lado pessoal diante dos desafios, nos tirando da zona de conforto, nos desafiando e nos fazendo crescer para caminharmos juntos. Isso faz uma sociedade bem-sucedida!

(Pedro Machado)

A sociedade pode ser um dos maiores entraves para o crescimento de um negócio, assim como um dos maiores propulsores. Por isso, é um dos pilares mais importantes do método SCALE. Ela vem antes da lucratividade exatamente por essa razão, afinal, a lucratividade não se sustenta sem uma sociedade sadia.

08.
LUCRATIVIDADE

Negócios que entendem de lucratividade
são negócios que criaram modelos escaláveis.

Lucratividade não é apenas ganhar dinheiro, é garantir a sustentabilidade e o crescimento contínuos do negócio. Você já deve ter aprendido a fórmula básica: Lucro = Receitas – Despesas. O que poucos sabem é que a lucratividade de um negócio pode estar escondida dentro do próprio modelo.

Algumas empresas se abrem para mudanças que impactam os resultados de forma inimaginável. O McDonald's, por exemplo, aumentou em 30% o ticket médio após a implantação de totens nas lojas. Além disso, o aplicativo da empresa veio para potencializar a fidelização e o retorno do cliente à loja, sendo responsável, no Brasil, por 50% das vendas da rede.

A Wise Up, com apenas uma mudança no modelo de negócio, conseguiu gerar aumento de 15% na margem da empresa. Ao perceber que, no Brasil, materiais didáticos contam com isenção de impostos, passou a fazer as vendas diretamente aos alunos, sem passar pelos franqueados, evitando também a bitributação.

COMO AUMENTAR A LUCRATIVIDADE DE UMA EMPRESA

Sei que essa dúvida já está trovejando aí na sua cabeça. A melhor forma de aumentar a lucratividade de uma empresa é por meio da economia de escala. Um negócio escalável é aquele que apresenta crescimento acelerado sem precisar aumentar os custos na mesma proporção. Assim, alcança grandes resultados com baixo investimento de recursos e, ao longo do tempo, vai aumentando o faturamento e a margem de lucro na mesma proporção.

Quando você cresce sem intenção de escala, expande de 1 a 100 com a mesma margem de 10% para 10%, por exemplo. Isso é expandir. Já quando cresce com intenção de escala, você expande de 1 a 100 aumentando a margem e reduzindo os custos. É bem diferente, não acha?

De nada adianta querer fazer o negócio crescer, tocar a sociedade, abrir novas unidades, ampliar a produção, criar canais de vendas, sem ter um modelo de negócio escalável. O ideal é que os custos diminuam à medida que as vendas aumentem. Existem negócios em que acontece o contrário: quanto mais vendem, mais perdem margem. É o que ocorre quando a empresa cresce sem amarrar bem os custos e precisa inchar para atender à nova demanda e estrutura. Tenha cuidado com essa armadilha.

PRINCIPAIS CARACTERÍSTICAS DE UM NEGÓCIO ESCALÁVEL

Negócios com potencial de escalar têm algumas características em comum.

- **Oferta valiosa**: empresas escaláveis devem agregar valor aos clientes por meio de produtos ou serviços. Não adianta ter a solução mais tecnológica ou o site mais atrativo se a sua solução não resolver uma dor, um desejo ou uma necessidade do consumidor. O Nubank, por exemplo, oferece um layout atraente e realiza boas estratégias de marketing, mas o que garante o sucesso é agregar valor, ou seja, resolver um problema com o qual antes os clientes precisavam lidar: a burocracia dos bancos. Portanto, busque oferecer algo único, inédito e valioso para os seus clientes.

- **Viabilidade**: nem todo mercado precisa de negócios escaláveis. É necessário avaliar se o nicho escolhido tem demanda suficiente para que o seu volume de vendas possa aumentar de maneira exponencial.
- **Replicabilidade**: uma característica fundamental para ganhar escala é ter um modelo de negócio que seja repetível; ou seja, o formato do seu empreendimento precisa permitir a automatização de processos. Isso é essencial para conseguir aumentar o número de clientes sem precisar aumentar os custos na mesma proporção.

COMO APLICAR A ECONOMIA DE ESCALA EM UM NEGÓCIO

A economia de escala pode ser aplicada por meio destes quatro cenários: tecnologia, ecossistema, verticalização e poder de barganha, os quais vou explicar no detalhe a partir de agora.

TECNOLOGIA

A economia de escala acontece muitas vezes com a implantação de uma tecnologia que você pode desenvolver ou contratar uma única vez para todo o grupo ou a rede de lojas, por exemplo. Essa tecnologia pode vir de um sistema operacional, de gestão de relacionamento com o cliente (CRM – Customer Relationship Management), de sistemas de câmera de vigilância, de aplicativo, de e-commerce, entre outros.

Em uma das imersões que organizei, conheci a Universidade do Hambúrguer do McDonald's, em Alphaville, São Paulo. É a única unidade na América Latina em que são ministrados treinamentos de liderança e gestão a todos os líderes da rede. O McDonald's é uma grande escola para quem é apaixonado por marcas e franquias como eu, porque eles entendem a importância de treinamentos, desenvolvimento e times de coaches e não medem esforços para manter a cultura, a inovação, as regras e as boas práticas vigentes no dia a dia da operação.

Nessa visita, eles contaram que os totens instalados nas unidades, para que os clientes façam o pedido sozinhos, representaram um aumento absurdo de margem, tanto é que isso virou padrão em todas as lojas. Se um totem vendesse a mesma coisa que um funcionário, o investimento inicial já teria compensado, mas os totens passaram a vender 30% a mais que os funcionários nessa função. A ideia deu tão certo que eles implantaram tecnologia de inteligência artificial no aplicativo e no drive-thru, a ponto de os canais digitais da rede representarem mais de 50% das vendas do McDonald's Brasil. Em uma rede como essa, o impacto de qualquer decisão, por mais singela que pareça, é gigante.

ECOSSISTEMA

Ecossistema é um conjunto de elementos de uma cadeia que se apoiam, se fortalecem e agregam um ao outro. Atualmente, se fala muito em ecossistema de negócios, que consiste em você enxergar que precisa ter negócios que agregam ao original, ter parceiros que o fortalecem em vários níveis, como em autoridade e demanda.

Nesse cenário, ter uma agência interna de marketing, que chamamos de *in house*, está sendo a estratégia de muitas empresas que crescem e estão de saco cheio de ter problemas com agência terceirizada. Não é um departamento de marketing, é uma agência interna que pode até mesmo oferecer serviços para outros clientes.

Outro exemplo são as fusões. A Nestlé ter comprado a Kopenhagen é um baita exemplo, até mesmo em relação aos passos do ecossistema de franquias. O que a Nestlé ganha ao comprar a Kopenhagen? Acima de tudo, lucro. A sinergia por ter uma marca que tem uma forte relação com o consumidor na ponta gera lucro. A sinergia nas operações gera lucro. A sinergia em força de marca gera lucro. A barganha com o fornecedor gera lucro. E eliminar os intermediários da cadeia gera lucro.

Então, quando existem duas empresas fortes no mesmo mercado e com esforço de logística similar, o mais lógico seria que elas unificassem a logística, pois assim teriam mais margem. Nesse cenário, as fusões, as aquisições e busca por ecossistemas estão ficando cada vez mais fortes porque as empresas entenderam que, matematicamente, isso gera lucro e muitos outros ganhos.

Com a palavra, Renata Moraes Vichi, CEO do Grupo CRM (Kopenhagen, Brasil Cacau e DanTop):

> Quando falamos de ganho de escala, estamos nos referindo à capacidade de uma empresa de expandir as operações e aumentar a eficiência à medida que cresce. No caso do Grupo CRM, com mais de 1.200 lojas, o ganho de escala tem sido fundamental para otimizar processos, reduzir custos e oferecer uma experiência consistente aos clientes em todas as lojas. Ao consolidar as operações, o grupo conseguiu negociar melhores condições

com fornecedores, padronizar práticas e procedimentos em todas as lojas e investir em tecnologia para aprimorar a gestão da cadeia de suprimentos.

Além disso, a abordagem estratégica na geração e no aproveitamento de leads tem sido essencial para impulsionar o crescimento das marcas do grupo. Ao identificar oportunidades de expansão e direcionar recursos de forma eficiente, conseguimos ampliar nossa presença no mercado e fortalecer o reconhecimento das nossas marcas.

Por meio do planejamento eficiente de toda a cadeia, o Grupo CRM consegue garantir a qualidade dos produtos e dos serviços oferecidos ao mesmo tempo que mantém uma visão clara do território ocupado pelas marcas. Temos planejada a abertura de mais 2 mil lojas para os próximos anos, além de outros projetos que vão aumentar ainda mais o ganho em escala do grupo.

A decisão do Grupo CRM de expandir o portfólio de marcas e aproveitar a sinergia entre elas é realmente um ponto-chave quando falamos de ganho de escala e lucratividade. Ao unir diferentes perfis de investidores, públicos-alvo e até mesmo recursos como cadeia de suprimentos, logística e produção, o grupo consegue maximizar a eficiência operacional e explorar novas oportunidades de negócio.

Além disso, o processo de M&A com a Nestlé dá ainda mais relevância para a discussão, considerando os impactos e os benefícios resultantes da fusão entre empresas. Vale ressaltar que vamos capturar sinergias ao mesmo tempo que permaneceremos como uma empresa *stand alone* que assegura valores, culturas e canal B2C com marcas que têm especificidades e diferentes *targets*.

Aqui no Grupo CRM sabemos como a expansão nos permite mais força de marca e maior lucratividade para todo o ecossistema. E, é claro, a parte que mais ganha com todo esse crescimento é o consumidor, que tem muito mais ponto de contato com a marca e possibilidades de consumo em diferentes momentos e locais, o que acaba retroalimentando todo o ecossistema.

Quando a rede cresce e impulsiona a indústria, ganhamos muito mais poder de negociação com fornecedores, conseguimos ocupar lacunas e períodos ociosos na fábrica. Colocando tudo isso dentro de um racional de negócios, percebemos que o aumento reduz o custo e impulsiona o lucro de toda a cadeia.

Um ponto muito importante aqui é a escalabilidade saudável. Não adianta ter milhares de lojas se a marca não for potente e se o franqueado não tiver o perfil ideal para executar o negócio.

Temos duas marcas no grupo que caminham com o propósito de expandir. Cada uma tem os próprios objetivos individualizados e totalmente pautados em duas frentes: cenário econômico para o público consumidor e perfil qualificado de franqueados, sendo o segundo ponto fundamental.

As operações precisam ter à frente pessoas que sejam verdadeiras embaixadoras da marca e da cultura do grupo, porque é só dessa forma que a rede se fortalece e gera um valor perceptível para todos os stakeholders, principalmente os consumidores.

No Grupo Premia, temos quatro empresas que vivem debaixo do mesmo guarda-chuva e utilizam a mesma estrutura de espaço. Existe um sistema de rateio no qual as empresas dividem os custos fixos, usufruindo de um ambiente confortável, com estrutura completa, vista incrível, segurança e bem-estar. Se cada negócio do grupo tivesse que pagar tudo isso por conta própria, cada um teria no máximo uma sala pequena.

E vamos além da estrutura física. Hoje, temos condições de contratar um excelente *head* de *growth* porque essa estrutura possibilita um investimento de tal porte. O trabalho desse profissional é dividido pelas empresas do grupo, então ele atende a todas elas. Além disso, contratamos e compartilhamos ferramentas de gestão que são úteis também para acompanhar o trabalho desses profissionais. É uma forma de fazer gestão por projetos e por profissionais dentro de cada iniciativa.

Para termos uma base segura para as decisões estratégicas a serem tomadas na empresa, fazemos um cálculo de centro de custos por projeto e usamos métricas para analisar se o projeto está se pagando ou se precisa ser revisto. Isso é diferente de microgerenciamento, quando alguém, geralmente o líder, supervisiona o que cada pessoa está fazendo. Quando você tem uma estrutura grande, precisa ter métricas para gerenciar e não pode perder tempo tentando controlar um a um.

Quando você tem a gestão financeira e os indicadores operacionais do seu negócio nas mãos, fica muito mais fácil gerar resultados. Então, em se tratando de redução de despesas, otimização ou melhoria em receitas, temos novamente o exemplo do McDonald's, que chega a discutir a repercussão da mudança do canudo de plástico para o ecológico. A diferença de custo entre um canudo e outro é de centavos, mas, ao multiplicar pela quantidade que eles produzem e compram globalmente, estamos falando de uma cifra exorbitante.

Os detalhes fazem muita diferença. Costumo bater na tecla da gestão por indicadores porque a maioria dos empreendedores ainda não a conhece e não a pratica. Alguém uma vez disse: "Não se pode melhorar aquilo que não se mensura". De fato, sem dados, você vai melhorar com base em quê? Por isso, além de pensar em estratégias, técnicas, eficiência operacional, tributária e lucratividade, temos de considerar indicadores-chave, aquelas métricas que vão fazer você enxergar as oportunidades de melhoria dos seus negócios.

Quando criamos um ecossistema, temos tudo isso nas mãos. Compartilhamos custos e aumentamos a lucratividade. Não é lindo? Acredito que o futuro de todo negócio é se transformar em um ecossistema. Você está preparado?

VERTICALIZAÇÃO

A economia de escala também pode vir da verticalização da cadeia. Quando você começa a abrir capilaridade e aumentar o volume, pode dominar essa cadeia verticalizando todas as etapas de produção. Por exemplo, se você terceiriza a logística, pode montar uma própria. Se terceiriza a produção de materiais gráficos, pode montar uma gráfica própria. A certeza é que o seu negócio vai lucrar com isso, principalmente quando se tornar uma franquia.

Quanto mais você cresce, mais domina a cadeia; e quanto mais domina a cadeia, mais margem tem. Essa é a lógica do Habib's. Todo e qualquer produto que chega a uma loja franqueada da rede vem da franqueadora. Os produtos, os molhos, as massas, as embalagens, o material gráfico. Se eles terceirizassem com uma gráfica esses últimos serviços, por exemplo, abririam mão do controle, da qualidade e da margem.

Compartilhar o centro de custos é outra vantagem da economia de escala. Você precisa entender que, quanto mais ele crescer, mais terá demandas específicas como marketing, contabilidade, setor administrativo, financeiro, recursos humanos, tecnologia da informação, sistema, site. Em vez de deixar cada unidade com o próprio núcleo de serviços, centralize tudo isso na empresa mãe, no guarda-chuva, e cascateie esses serviços para que todas as unidades consigam aproveitá-los dentro de um único centro de custos. Isso é trabalhar o poder de escala!

É natural que algumas empresas comecem a fazer isso quando já têm um tempo de mercado, como a OAKBERRY, por exemplo, que só verticalizou a produção de açaí após cinco anos de operação. Alguns outros exemplos são a Mais1.Café, que é responsável pela distribuição de 90% dos itens utilizados pelos franqueados, e a Cacau Show, que é responsável pela fabricação, pela distribuição e pela venda para o cliente final.

PODER DE BARGANHA

Quanto mais você cresce, mais ganha em volume, em poder de barganha com os fornecedores e em boas negociações. A Ambev, por exemplo, tem práticas comuns no mercado, como recompensar muito bem os fornecedores que vendem com exclusividade para eles. O iFood dá excelentes descontos nas taxas, seja por *market place*, seja pelo *food service*, as empresas que começam a crescer como uma rede, porque entende que se trata de um *key account*, uma marca relevante com várias unidades, e os descontos chegam a 10% de diferença.

Quando você se vê como franqueador negociando com o iFood e outros players percentuais relevantes, fica fácil justificar a cobrança de 6% de royalty do franqueado. Se o empreendedor fosse montar uma casa independente de sushi em vez de comprar a sua franquia, só com a economia de 8% na taxa do iFood, o royalty se banca. Por tudo isso, o poder de barganha é muito forte em modelos de negócios escaláveis, então as franquias conseguem aproveitar esse poder com mais facilidade. Nesse cenário, o franqueador passa a ter como principal papel trabalhar a economia de escala a favor do franqueado.

A economia de escala existe para que todos ganhem em margem e lucratividade. Um franqueado d'O Boticário, por exemplo, paga 2 mil reais de taxa de marketing para a franqueadora. A franqueadora pega 2 mil reais de cada um dos 4 mil franqueados e tem uma verba de 10 milhões de reais para fazer propaganda na Globo, patrocinar um time de futebol, contratar a Anitta, além de oferecer o melhor sistema e ter lojas espalhadas por todos os cantos do Brasil. Tudo isso por 2 mil reais. É a esse nível de replicabilidade e de lucratividade que se consegue chegar quando se escala.

Depois de toda essa conversa sobre lucratividade através da economia de escala, tenho certeza de que, daqui a pouco tempo, você vai se pegar enxergando oportunidades de margem por todos os lados. Quando isso acontecer, comemore, porque você estará no caminho do crescimento. Mas, antes de comemorar, não se esqueça de que para escalar é preciso aprender. Já dando um spoiler do que vem no próximo capítulo, isso é apenas questão de mudar uma letra.

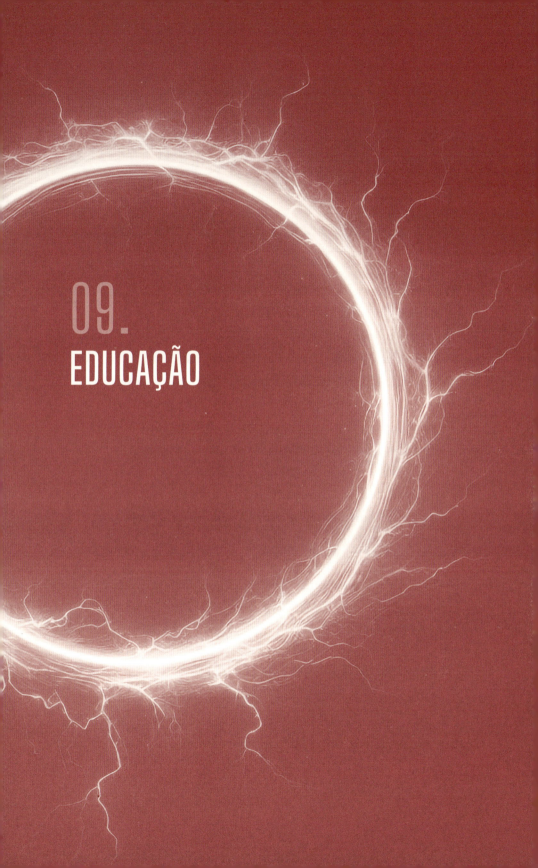

09.
EDUCAÇÃO

Quem escala precisa ser escola.

A diferença entre as palavras "escala" e "escola" é de apenas uma letra, mas isso duplica o significado da primeira. Para escalar, você depende de pessoas que garantam o padrão e a execução dos processos. Para depender de pessoas, a sua empresa deve ser uma escola. Você deve aprender a passar suas mensagens e seu know-how adiante. Por tudo isso, acredito que toda empresa, independentemente do que vende, é uma empresa de educação. Quando começamos a falar desse tema, abrimos um universo gigante a explorar.

Ainda hoje, muitas organizações negligenciam treinamento e programas de desenvolvimento de funcionários por não entenderem quais são as melhores formas de ensinar. Quando criam algo com esse objetivo, acabam aplicando programas que não geram conhecimento nem engajamento e, consequentemente, não apresentam resultado.

Considero esta uma das partes mais importantes desta obra, porque a educação mexe com o método SCALE como um todo – fica tudo eletrizado.

1. ESTIMULE O CLIENTE INTERNO PELA EDUCAÇÃO

Os clientes internos são colaboradores, sócios e parceiros do dia a dia. São todos aqueles que fazem, de fato, a empresa acontecer. Esse cliente merece toda a sua atenção, por isso quero compartilhar algumas teorias que estão revolucionando a educação no mundo, sendo fundamentais para a transformação e os resultados que queremos nos nossos negócios.

ANDRAGOGIA

O aluno adulto sempre vai construir conhecimentos com a soma de algumas coisas: motivação para aprender e autoconhecimento, tudo aquilo que ele já construiu na mente (crenças, valores, realidade, visão de mundo). Essa é a base da andragogia, que busca a educação na prática e faz o aluno aprender muito melhor quando o assunto tem valor de uso imediato. O tempo na vida adulta também é um fator decisivo, muitos trabalham, têm família e precisam de aprendizado prático e imediato para poder dar conta de tudo.

É importante entender esses conceitos para que você, como líder, acelere o processo de aprendizagem dos colaboradores, franqueados e parceiros, encurtando o caminho para ter melhores resultados.

Os pilares da andragogia são os seguintes:

1. **Autonomia**: é preciso considerar que o aluno adulto tem capacidade de tomar as próprias decisões e, inclusive, deseja ser percebido e tratado dessa forma, tendo autonomia para guiar escolhas.
2. **Experiência**: o histórico do aluno adulto deve ser levado em conta no processo de aprendizagem de novas habilidades e conhecimentos, servindo como base.
3. **Prontidão para aprendizagem**: o interesse do aluno adulto pela aprendizagem é maior quando o tema abordado tem relação direta com situações comuns do dia a dia.
4. **Aplicação de aprendizagem**: os desafios para o ensino de adultos são superados quando o conhecimento adquirido revela

aplicação imediata, e não apenas informação do possível aproveitamento futuro.
5. **Motivação para aprender**: para o aluno adulto, a motivação interna é mais forte do que a externa, o que significa que os valores e os objetivos profissionais dele são mais importantes do que boas notas, por exemplo.

PIRÂMIDE DE APRENDIZAGEM

Se você quer treinar pessoas, precisa entender como funciona a pirâmide de aprendizagem.[13] Prepare-se para ver seus conceitos de educação virarem de cabeça para baixo.

Fonte: Sebrae, 2023.

O primeiro nível da pirâmide é quando a pessoa lê e retém menos de 10% do que leu. O próximo nível é quando ouve, absorvendo em torno de 20%. O terceiro nível é quando vê, retendo 30%. O quarto nível é quando vê e escuta, absorvendo 50%.

---

[13] Pirâmide da Aprendizagem de William Glasser. Práticas educativas inovadoras: como engajar e acolher estudantes. **Sebrae**, 24 nov. 2023. Disponível em: https://cer.sebrae.com.br/blog/praticas-educativas. Acesso em: 7 maio 2024.

Agora vem a má notícia: é dentro dos quatro níveis da aprendizagem passiva que a maioria das pessoas está aprendendo e ensinando hoje. Sugerir que os alunos leiam e assistam a aulas no YouTube ou em outra plataforma é garantir que eles saiam do curso com no máximo 50% do conteúdo absorvido. Será que é isso o que queremos como multiplicadores de conhecimento?

A boa notícia é que existe um caminho para chegar aos próximos níveis e atingir mais de 90% da retenção do conhecimento. O caminho é a aprendizagem ativa. As melhores formas de aprendizado são aquelas que vêm de dentro para fora, que partem da motivação do indivíduo. A aprendizagem ativa é a melhor forma de absorver, colocando sempre o aluno no centro do processo.

O primeiro nível da aprendizagem ativa é quando a pessoa pratica, discute e reflete sobre o que está sendo ensinado. O papel do professor, nesse caso, é fazer comparações dentro da realidade do aluno, perguntar, estimular que ele questione a importância e a aplicação daquela teoria, que discuta com os colegas e pratique. Não adianta ler livros ou assistir a vídeos para aprender a vender, por exemplo, é preciso pegar a teoria, aplicá-la na prática, identificar erros no processo de venda, voltar, refletir e planejar fazer de outro modo na próxima vez.

Outra boa notícia é que existem fatores externos que potencializam a aprendizagem ativa. Alguns exemplos são os processos de coaching ou mentoria. Coach é o técnico que vai olhar do lado de fora e, como conhece aquele assunto, direcionar e ajudar você a chegar ao seu objetivo. Outro exemplo é a gamificação, que usa a recompensa e a competição para ensinar.

Se você quer chegar ao último nível de retenção e ter uma cultura de vendas forte, aprenda a criar recompensas constantes e ambientes de competição saudável. A propósito, você conhece o Duolingo?

É uma plataforma on-line que ensina idiomas por meio de jogos, entretenimento, competição e recompensa. No caso da sua empresa, a recompensa pode ser em dinheiro, bônus, festa, happy hour, o nome da pessoa na fachada, uma medalha, um pódio e outros rituais de reconhecimento.

Isso tudo potencializa a retenção do conhecimento, mas o que faz chegar ao último nível, a mais de 90% de aprendizagem, é ensinar. Se você não consegue treinar os seus colaboradores dentro da empresa, invista em cursos fora, porém com uma única condição: que eles voltem e ensinem a equipe. Adoro quando líderes levam colaboradores e parceiros para os meus treinamentos. Sempre peço uma tarefa de casa a eles: que os convidem para pegar tudo o que aprenderam na imersão e dar uma aula aos outros da equipe que não puderam ir ao evento. Dessa forma, a pessoa aprende e ensina a aplicar o conhecimento adquirido nos cursos e treinamentos. Percebeu a diferença? É isso que faz o time ganhar o jogo.

Convido você a fazer agora mesmo esse exercício. Selecione, entre os seus colaboradores, aquele que se destaca, que tem potencial de replicar conhecimento. Tenho até o discurso pronto para você: "Vou investir em educação a partir de agora e quero que você seja o nosso *trainer*, que replique o conhecimento adiante. Vou investir em você, vou me sentar contigo para desenhar metodologias, você vai virar *trainer* de *trainers*. Topa o desafio?".

ESSAS EMPRESAS ENTENDERAM TUDO

Existem exemplos de organizações que aplicam a andragogia e a pirâmide da aprendizagem com maestria. E aqui sou obrigado a trazer novamente o *case* do McDonald's, que é uma escola também nesse quesito. Eles manjam tanto de educação que criaram uma universidade para treinar líderes pelo mundo, chamada Hamburger University. São várias unidades, e a responsável pela região latino-americana está localizada em Alphaville (SP).

Já tive o prazer de entrar naquela estrutura com um grupo de mentoria para receber o famoso choque de realidade, em um prédio inteiro dedicado ao centro de treinamentos. Fiquei encantado com a cultura daquele lugar. É uma visita obrigatória para todos os empreendedores do Brasil. Eles absorveram tão fortemente o papel de ser educadores que os cursos são abertos a qualquer pessoa que queira se inscrever, e não apenas aos líderes da rede. Entenderam o papel deles dentro da comunidade empreendedora e levam isso tão a sério que a empresa de educação tem até um diretor específico, além de uma equipe dedicada a isso.

O McDonald's também tem um material que ensina a transformar os funcionários em superfacilitadores. Paixão, liderança, inovação, *cooltura* (de *cool*), legal em inglês e conexão são características fundamentais de um superfacilitador que embarca na missão de proporcionar experiências de desenvolvimento memoráveis, compartilhar momentos de *cooltura* e tornar toda a aprendizagem possível. Para ser uma empresa educadora, é necessário treinar professores e educadores dentro de casa e passar a eles os valores envolvidos.

Esse superfacilitador – ou outro nome pelo qual você o queira chamar – não é necessariamente alguém que sabe muito da área, e sim alguém que sabe ensinar e inspirar e, se não sabe, está aberto a aprender as melhores maneiras de passar o conhecimento adiante. Isso é tão importante para o McDonald's que existe toda uma trilha de plano de carreira desenhada para esse profissional, desde a seleção, a capacitação, o reconhecimento e a motivação até a avaliação.

"PESSOAS SÃO A NOSSA MAIOR FORTALEZA, DESENVOLVIMENTO É NOSSO MEIO PARA QUE O SISTEMA CRESÇA COM PILARES FORTES E SUSTENTÁVEIS."
Dorival Pereira de Oliveira Junior

Para não dizerem que só falo do McDonald's, na Unilever os funcionários mais novos, como estagiários e *trainees*, escolhem um mentor dentro da empresa que será responsável por capacitá-los e auxiliá-los no desenvolvimento da própria carreira profissional. Isso estimula o crescimento, cria uma cultura de educação e desenvolve tanto o funcionário que aprende quanto o que ensina.

No Grupo Premia, fazemos treinamentos semanais. Os colaboradores que se destacam em determinada área são desafiados a dar aulas relacionadas ao tema de domínio, estimulando o aprendizado dele e de todo o ecossistema.

APLIQUE A ANDRAGOGIA E A PIRÂMIDE DA APRENDIZAGEM NOS SEUS NEGÓCIOS E NA SUA CARREIRA.

O que eu mais quero é que você coloque tudo isso imediatamente em prática no seu negócio, por isso vamos a algumas dicas para aplicar essas teorias da educação na sua empresa.

- **Enxergue-se como uma empresa de educação**: ao se ver dessa forma, presume-se que você tenha um método próprio. Por exemplo: Os dezoito Cs da excelência do McDonald's. Você pode criar o seu próprio método de vendas, de atendimento, de fazer sorrisos, o que vai dar um diferencial competitivo gigante de mercado, mostrando que existe uma forma ideal de fazer algo, de vender ou de passar conhecimento para as pessoas: o seu jeito. Isso gera autoridade, confiança e agrega demais à sua marca.

- **Vista-se de cima a baixo com a cultura do *lifelong learning*:** faça e ofereça para sua equipe cursos de qualificação, treinamentos semanais e imersões. Saiba que nunca é cedo ou tarde demais para aprender algo novo. Aprendizagem é o processo, e não o fim. Ela acontece em vários momentos e esferas da vida, seja no trabalho, na família, seja nas interações com a sociedade, estamos sempre em constante aprendizagem. Viva isso e passe adiante.
- **Esteja sempre atento a novas metodologias de ensino e aprendizagem para agregar ao seu método:** além da andragogia e da pirâmide da aprendizagem, existem outras abordagens para você se inspirar.

ACTIVE LEARNING

Active learning é uma metodologia para resolução de problemas complexos, importantes e urgentes, com desenvolvimento de habilidades de liderança. Propõe que um pequeno grupo de pessoas reflita e aprofunde o entendimento de um problema real até as raízes dele. A partir do consenso do problema ou do desafio, os participantes criam um plano de ação e agem no que for necessário para a implementação dele.

Atividades educacionais baseadas no *active learning* ajudam a desenvolver a mentalidade aberta à mudança contínua, dando condições às organizações e aos líderes de se adaptarem, aprenderem e inovarem com sucesso.

GAMIFICAÇÃO

Aprender pode e deve ser divertido! Imagine poder aprender com dinâmicas como missões e desafios, tendo sempre um retorno imediato dos erros e dos acertos, podendo elevar o seu nível de habilidades e resultados. A gamificação tem o objetivo de tornar o aprendizado mais dinâmico, interativo, construtivo e de fácil assimilação para os participantes. Eu, particularmente, adoro essa técnica.

OBJETIVOS   REGRAS   DESAFIO   PRÊMIOS OU RECONHECIMENTOS

Os benefícios dessa metodologia são inúmeros: estimula o trabalho em equipe, torna o ensino mais atrativo, permite a segmentação do conteúdo, oferece feedback instantâneo do aprendizado, compartilha uma atitude positiva em relação à aprendizagem, contribui para o desenvolvimento da habilidade analítica, aumenta a motivação dos participantes e melhora a habilidade de comunicação.

MODELO 70, 20, 10

É um modelo de aprendizagem ideal para atualização de conhecimentos, vinculando o aprendizado às rotinas diárias.

- 70% de experiências: 70% do que a pessoa aprende se devem à prática e à experiência no trabalho que realiza, resolvendo problemas e executando tarefas.
- 20% de interação: 20% da aprendizagem acontecem por meio de interação com as pessoas, conversando, trocando experiências, recebendo mentoria, coaching etc.
- 10% de aprendizagem: 10% da aprendizagem acontecem formalmente em aulas, treinamentos, workshops e seminários.

É importante que você entenda esses conceitos para que consiga compartilhar conhecimentos, know-how e expertise com o maior número possível de pessoas e para que os seus colaboradores e a sua equipe ajudem a realizar o que você planejou.

2. ENTUSIASME COMUNIDADE E CLIENTES EXTERNOS COM A EDUCAÇÃO

A educação da comunidade e dos clientes externos é fundamental para o sucesso de qualquer organização, pois permite que todas as partes interessadas entendam melhor os objetivos, as estratégias e os valores da empresa. Ao educá-los acerca dos produtos ou dos serviços oferecidos, é possível criar uma relação de confiança e fidelidade. Esse processo ajuda a desenvolver novos mercados, a melhorar a participação dentro deles e ainda a manter a reputação positiva da empresa.

A diferença entre educar a comunidade e educar os clientes é que a comunidade são stakeholders, sócios, franqueados, revendedores autônomos, fornecedores e parceiros que, de alguma forma, atuam como uma peça dentro do quebra-cabeça do modelo de negócio desenhado. Franqueados, por exemplo, são forças fundamentais para o desempenho de uma rede. Quando não são treinados para agir com autonomia e responsabilidade dentro dos padrões da marca, como um dono local, perdem o sentido da relação de interdependência.

Por isso, marcas como o McDonald's passam nove meses no processo de treinamento de um novo franqueado. A Kumon, maior rede de franquia de educação do mundo, coloca o treinamento inicial de franquia como a última etapa de seleção do franqueado. Aquele que não demonstrar capacidade gerencial e operacional, além de alinhamento cultural no processo de treinamento, nem avança para a abertura da unidade, e a franqueadora se compromete até a devolver todos os custos do franqueado. Afinal, é mais barato para a marca ter prejuízo nessa etapa do que manchar a reputação nas mãos de um franqueado ruim.

Essa realidade é muito forte no franchising. Além da obrigatoriedade por lei, muitas franqueadoras assumem a missão de continuar educando a rede e montam grandes convenções anuais para atender à necessidade dessa aprendizagem contínua, assim como aproveitam o momento para criar um ambiente de união e motivação. Esses eventos costumam ter apresentações de novidades como lançamentos de produtos, palestrantes e uma interação muito positiva entre todo o ecossistema (fornecedores, franqueadores e franqueados). Já fui contratado para vários desses palcos e me sinto muito bem falando para franqueados, pois já estive nesse lado da moeda.

O Grupo Premia, dentro dessa proposta, oferece mentorias para empresários, MBAs para franquias e a RD Academy. Assim como acredito que toda empresa deva nascer como uma franquia, tenho certeza de que todas elas devem nascer com a educação na veia, totalmente impregnada no planejamento estratégico e nas ações diárias. Somente dessa forma é possível transformar o negócio em uma força escalável, digna do raio mais eletrizante de todos.

10.

TODO NEGÓCIO DEVE NASCER COMO UMA FRANQUIA

A franquia é o melhor condutor de energia
que o seu negócio pode ter.

O método que apresento nesta obra não foi criado há alguns anos nem há algumas semanas, foi construído e aplicado nas minhas empresas, nos negócios de milhares de pessoas, testado inúmeras vezes em diversos segmentos. Até que eu cheguei a uma conclusão importante – ou, melhor, a duas conclusões que viraram minhas crenças de vida:

TODO NEGÓCIO DEVE NASCER COMO UMA FRANQUIA.
TODO NEGÓCIO É FRANQUEÁVEL.

Você pode estar argumentando que o seu negócio é uma exceção. Talvez seja apenas uma questão de não estar no ponto ideal, no modelo ideal ou no formato ideal. Muita gente acha que o caminho para crescer é montar um negócio para depois transformá-lo em franquia. Mas não precisa ser assim.

Quando digo que todo negócio deveria nascer como uma franquia, quero dizer que todo negócio deve nascer com a mentalidade de criar processos e padrões capazes de ser replicados, seja em expansão com capital de terceiros (operando o negócio como uma franquia), seja com capital próprio ou outros fundos. Não importa se você só for expandir de fato o negócio depois de alguns anos. O que importa – e está aí uma das grandes vantagens – é começar a construir o seu negócio com muito mais base e profissionalismo, garantindo a longevidade.

POR QUE SOU TÃO APAIXONADO POR FRANCHISING

Esta é a segunda pergunta que mais me fazem na vida: "Por que você é tão apaixonado por franchising?". Já me adiantando à sua curiosidade, a primeira pergunta é: "Qual é o segredo para criar quatro filhas?", sempre intercalando, obviamente, com: "Vocês não vão tentar ter um menino?".

Vou começar respondendo à pergunta mais fácil. Vivo, respiro e sonho com franchising todos os dias. E tudo começou com meu pai. Quando ele decidiu viver um romance de verão com a minha mãe, aos dezessete anos, o resultado fui eu. A partir daí, a vida ficou séria para eles. Meu pai teve que começar a empreender, e quando viu que meu avô estava iniciando um negócio de produção de camarão, pensou: "Por que não montar um fast-food especializado em camarão e crescer Brasil afora?". Foi exatamente o que ele fez em uma época em que o franchising ainda engatinhava no país.

Com a palavra, o meu pai:

> Como o Rapha já comentou, fui pai muito cedo. Entrei na universidade tendo um filho para criar, sem emprego, sem dinheiro, e isso me deu o gás para entrar em alguns negócios e começar a empreender. Então, desde os dezessete anos, eu já tinha a visão de construir um negócio. Nem todas as iniciativas deram certo, mas isso me impulsionou a seguir adiante. Uma das pessoas que sempre me incentivaram e que me apoia até hoje é meu filho. Ser pai com dezessete anos me estimulou a realmente correr atrás. Ele tem uma força muito grande na minha trajetória no empreendedorismo.

Um dos meus primeiros negócios foi uma sorveteria pequena na praia, que tinha apenas um freezer. Eu e minha esposa não tínhamos com quem deixar o Rapha, então com apenas seis anos, ele já ficava lá com a gente, ajudando no que podia. Desde então, ele começou a entrar nesse universo empreendedor que tanto nos ensina diariamente.

Quando comecei no franchising, o setor ainda engatinhava no Brasil. As empresas não eram tão profissionais como hoje, os processos não eram tão claros, não existiam tantas empresas e tantas pessoas falando sobre o assunto. Era algo muito intuitivo, no aprendizado do dia a dia mesmo. Com dezoito anos, o Rapha participou de uma feira de franquias da ABF, hoje uma das maiores do mundo. Ele ia apenas me acompanhar, mas na verdade atuou e foi o destaque do nosso time.

O franchising moldou a vida profissional do Raphael desde cedo. A experiência de me acompanhar a feiras e nos negócios o expôs ao universo das franquias, despertando o interesse e a paixão dele pelo setor. Essa vivência o preparou para trilhar o próprio caminho de sucesso.

Desde o início, ele se encaixou e se identificou com isso. As experiências que ele teve nos Estados Unidos o ajudaram ainda mais, porque o franchising lá é muito mais evoluído. Ele trouxe muita coisa na bagagem, o que o impulsionou a tocar os negócios aqui no Brasil.

A trajetória inspiradora dele demonstra a força do legado e a continuidade do espírito empreendedor da família Mattos. Hoje, ele é o maior influenciador na área de franquias no Brasil, e isso me orgulha muito. Mesmo assim, costumo falar para ele: "Filho, sei que você tem muita experiência, é uma das principais referências do franchising brasileiro, já fez muito, porém você tem muito mais futuro do que passado".

O Rapha vem evoluindo cada vez mais nesse setor, se envolvendo com vários franqueadores e também com o próprio negócio dele. Eu me sinto lisonjeado por tê-lo inserido no franchising tão cedo. Hoje, ouvi-lo falar com tanta propriedade sobre o tema multiplica o meu sentimento.

Fui crescendo e vendo os negócios da família crescerem também. Até que, com quinze anos, eu quis parar de assistir e participar de tudo. Trabalhei três dias no estande da Camarão & Cia em uma das maiores feiras de franquias do mundo. A partir dali, me encantei com o mercado! Um dia pode parecer pouco para a intensidade toda que gerou em mim.

Ver aquelas famílias projetando sonhos em marcas fundadas por outros empreendedores, todos sendo um ecossistema de ganha-ganha, foi o suficiente para eu ter a certeza de que um dia faria o mesmo. A minha missão de vida começou a ser construída naquele momento: realizar o sonho de outras famílias pelo empreendedorismo estruturado. Gostei tanto da ideia que acabei franqueando a minha própria família, o que responde, em parte, às primeiras perguntas que mais me fazem na vida.

A HISTÓRIA DO FRANCHISING

O sistema de crescimento em réplicas "perfeitas" que garantisse o padrão criado não foi iniciado por Ray Kroc. O fundador do McDonald's mostrou que uma operação simples, padronizada, com processos de cozinha montando hambúrguer poderia se transformar em uma das maiores e mais poderosas marcas do mundo, mas ele não foi o primeiro.

Pode parecer estranho o que vou falar agora, mas o sistema de franquias já existe há 2 mil anos. Pense na Igreja. *Como assim, Rapha, o que a Igreja tem a ver com isso?* Vou explicar com algumas perguntas e respostas, tipo pingue-pongue:

- Quem é o franqueador? O papa.
- Quem é o franqueado? O padre.
- Qual é a sede da franqueadora? O Vaticano, na Itália.
- Quem é o consultor de campo? O bispo.
- Quem são os consumidores? Os fiéis.
- Qual é a marca? A cruz.
- Quais são os treinamentos? Os ministérios.
- Qual é o manual? A Bíblia.
- E quanto aos royalties? É o dízimo.

Percebeu que todos os elementos do franchising estão aí? É incrível, não é? A igreja tem um projeto arquitetônico, um padrão para abrir unidades, um manual traduzido em várias línguas. Os três principais pilares do modelo de franquia estão na Igreja: marca (a cruz é a marca mais conhecida e reconhecida no mundo), padrão e know-how.

Com o tempo, as marcas foram criando estratégias de expansão em cima da mesma base com que a igreja se expandiu pelo mundo.

Toda empresa que quer crescer precisa ter uma marca, um símbolo e um propósito que a representem e que a identifiquem no mercado. Além disso, precisa ter padrão em vários aspectos: marca, cores, atendimento, processos. O terceiro pilar é o know-how, a capacidade de transferir conhecimento para mais pessoas em outros lugares. Para isso, é necessário aprender a ensinar pessoas e a criar processos que não dependam de especialistas.

Foi exatamente isso que busquei fazer desde a minha primeira empresa. Consegui criar franquias que levam o meu legado cada vez mais longe. Tenho a oportunidade de mentorar e de palestrar para milhares de pessoas em eventos de franchising e de empreendedorismo.

A minha definição de franquia é muito mais abrangente do que se vê por aí. Em tudo o que ponho os olhos, eu vejo franquia, até mesmo na natureza. Prova disso é a figura do raio, pelo qual sou fissurado. Acredito que a franquia é o melhor condutor de energia que o seu negócio pode ter e, para que isso seja possível, é imprescindível seguir os passos que apresentei nos capítulos anteriores, combinado?

FRANCHISING NO BRASIL

Acompanho o franchising há mais de vinte anos, desde quando o meu pai decidiu se tornar um franqueador. Com o tempo, acabei me transformando em uma das maiores referências, atuando à frente de grandes marcas do mercado, com diversos projetos de expansão, palestras em convenções e trabalho forte de mídia e marketing. Já tive o prazer de atender a marcas como Sobrancelha Design, a maior franquia de sobrancelhas do mundo; China In Box, a maior franquia de delivery de comida chinesa do Brasil; Açaí.com, uma das maiores franquias de açaí do país; Say Intercâmbios, a maior franquia de intercâmbio do Brasil; Biomundo, a segunda maior franquia de produtos naturais do país; Lugano Gramado, uma das maiores franquias de chocolate; Yes Cosmetics, uma das maiores franquias de cosméticos do mercado. Na Kumon, dei um treinamento para o time de expansão e palestrei na convenção da empresa. Também palestrei na convenção anual da IGUI Piscinas. Faço parte de comissões importantes dentro da Associação Brasileira de Franchising (ABF), por isso estou sempre a par de tudo o que está acontecendo nesse mercado.

Respirando esse universo, percebi duas grandes mudanças. A primeira foi que a transformação digital dos negócios no mundo mudou drasticamente a forma como as marcas se expandem. Antigamente, a única maneira de expandir uma franquia, de trazer investidores para conhecer o seu negócio e de se relacionar com eles era em feiras. Você marcava o mês de junho no calendário e ficava esperando a maior feira de franquias do mundo acontecer em São Paulo para, enfim, entender quais eram as oportunidades e as novidades do mercado.

Além disso, só existiam as mídias off-line, como TV, jornal e revista. Depois que o digital virou uma opção, rapidamente se transformou no grande protagonista dessa expansão. Inclusive, participei desse movimento à frente de uma das primeiras marcas a fazer grandes expansões no franchising pelo digital. Na época em que o digital começou a bombar, nenhuma franquia fazia isso, então posso dizer que capitaneei esse movimento porque aprendi a praticar o marketing digital com o pessoal de infoprodutos e juntei dois mercados que não conversavam: o digital e a franquia, e comecei a lançar franquias com a mesma lógica, apenas adaptando a legislação ao funil comercial e ao mercado de franchising, especificamente.

A partir de então, fiz expansões absurdas nas minhas marcas, chegando a vender mais de cinquenta franquias em um único mês, um marco que poucas franqueadoras atingiram. Tudo isso foi possível pelo digital, que diminuiu consideravelmente a barreira de novos entrantes, franqueadores e, principalmente, do crescimento.

Aquela visão antiga de que para fazer o seu negócio virar franquia era necessário esperar dois anos para ele maturar, para validar todos os meses do ano e para ter a sazonalidade completa, não existe mais. Nem é mais indicado fazer isso. Porque, em dois anos, o seu negócio pode se transformar em outro. Na velocidade que o mundo dos negócios vive hoje, dois anos representam mudanças drásticas. Ninguém mais tem esse tempo.

Você precisa passar do ponto de equilíbrio de uma franqueadora o mais rápido possível, porque até atingir vinte unidades, muitas franqueadoras não se sustentam, já que boa parte da receita vem de royalties. Esse, inclusive, é o dilema de muitas franqueadoras: vinte royalties são insuficientes, mas, ao mesmo tempo, é preciso investir na estrutura para dar suporte ao franqueado. É um investimento importante – e quanto mais tempo, mais investimento.

Então, o digital ultrapassou a barreira e fez muitas marcas quebrarem esse paradigma e lançarem a proposta de novos modelos de expansão e de negócio. Tanto é que a ABF já reconhece o núcleo de novos modelos de microfranquias e negócios, que são muito mais leves. Inclusive, uma das comissões da qual faço parte é exatamente a de microfranquias dentro da ABF. Infelizmente, ainda existem alguns consultores presos à metodologia antiga, por isso recomendo que, se você quer transformar o seu negócio em franquia, converse com empresas especializadas que, mais do que experiência, tenham uma visão moderna e digital, na direção de onde o mercado está indo.

Essa é uma das nossas grandes especialidades, então pode conversar comigo caso exista essa vontade maior de transformar o seu negócio em franquia. Já ajudei centenas de empreendedores a fazerem isso, e é a coisa que mais me motiva e eletriza hoje.

A segunda grande mudança que percebi no mercado é uma maior emancipação dos franqueados. O franchising costumava ter uma visão marcada por comando-controle, no qual o franqueador mandava e o franqueado obedecia, totalmente *top-down*, com muitas regras e padrões. Com o tempo, foi se percebendo que o saudável é emancipar o franqueado, torná-lo protagonista do negócio em conjunto com o franqueador, incentivando-o a ser um empreendedor, e não um mero executor.

Antes, perdia-se muito potencial de trabalhar em rede e de ganhar sinergia com as múltiplas ideias empreendedoras de cada franqueado, e se desperdiçava o frescor de que a marca muitas vezes precisava. A nova visão gerou algumas mudanças importantes na prática dos comitês e das associações de franqueados, que dão voz ao franqueado dentro da franqueadora.

A atuação do franqueado nas redes sociais também foi uma mudança necessária. Mesmo assim, muito franqueador ainda não libera a rede social para o franqueado tocar, porque faz questão de que tudo seja muito padronizado. O que posso dizer é que esses franqueadores ainda não entenderam qual é o objetivo de uma rede social – realmente torná-la humana, associável –, e só se consegue isso hoje quando se humaniza, quando se coloca na comunicação o sotaque, o jeito e a comunidade local.

Esse tópico apareceu em uma fala do CEO do McDonald's, Chris Kempczinski, na última convenção de franquias internacional, o IFA Annual Convention. "Quando passamos em frente a um McDonald's, não vemos uma grande corporação, e sim um pequeno negócio. Dê autonomia para que os franqueados possam operar, adaptar e manter os padrões, gerando maior participação dos empresários localmente". Ou seja, o papel do franqueado é ser o agente daquela marca na comunidade.

Os franqueados que conseguem se relacionar com os clientes, colocar os funcionários para aparecer nas redes sociais, fazer ativação, *collabs* e parcerias com influenciadores locais, marcando e fazendo barulho, geram muito resultado. A Konioca foi um *case* incrível nesse sentido. Um franqueado postou um vídeo em parceria com um influenciador local, e o conteúdo viralizou. Foi o *reel* mais viral de produto do ano, passando de 40 milhões de visualizações. O perfil da marca ganhou mais de 20 mil seguidores em menos de quinze dias e ultrapassou a quantidade de seguidores do perfil oficial. Note o potencial de uma única ação quando é bem praticada. Isso só foi possível porque o franqueado tinha liberdade para fazer a própria comunicação nas redes sociais.

O FRANCHISING HOJE

O franchising cresceu muito no país, tendo hoje mais de 188 mil unidades franqueadas e 3 mil marcas franqueadoras. É um sistema que fatura 20 bilhões de reais por ano e virou uma importante porta de entrada para o empreendedorismo. Muitos brasileiros, além do sonho da casa e do carro próprio, têm o sonho de empreender, de serem donos do próprio negócio. E as franquias são uma solução que atende perfeitamente a esse desejo. A franqueadora entrega ao franqueado um produto pronto, um modelo de negócios simples e todo o suporte na operação.

Dados da ABF[14] dão uma ideia do crescimento do setor de franquias no Brasil. No segundo semestre de 2023, o setor aumentou 12,9% em comparação com o mesmo período de 2022. Foi o oitavo trimestre de crescimento consecutivo. No acumulado do ano, o faturamento das redes aumentou 15,2% e a receita saltou de 195,4 bilhões de reais para 225 bilhões de reais. A mão de obra empregada pelo setor teve aumento de 10,9%, e foram abertas 4% mais franquias. Nada mal, não acha?

Quando comparamos o franchising brasileiro e o franchising internacional, existem algumas diferenças importantes a considerar.[15] No Brasil, ao contrário de muitos países, desde 1994 existe uma lei que regulamenta e protege o setor, bem como uma associação que fomenta os negócios e garante as melhores práticas, a Associação Brasileira de Franquias (ABF). A Lei de Franquias nasceu como a Lei n. 8.955, de dezembro de 1994, e foi sancionada pela Lei n. 13.966, de 26 de dezembro de 2019, em vigor atualmente.

O Brasil ainda é um tanto fechado para marcas estrangeiras de franquias, segundo Bruno Amado, gerente do Programa Franchising Brasil. O que demonstra isso é o fato de 95% das redes de franquias instaladas no país serem brasileiras (em um total de 2,6 mil redes). Em comparação com outros países da América Latina e com Portugal, pela vasta extensão territorial, as marcas se expandem primeiro no país e só mais tarde partem para a internacionalização.

---

[14] ROVAROTO, I. Mercado de franquias cresce 15% e fatura R$ 105 bilhões no primeiro semestre. **Exame**, 12 set. 2023. Disponível em: https://exame.com/negocios/mercado-de-franquias-cresce-15-e-fatura-r-105-bilhoes-no-primeiro-semestre. Acesso em: 7 maio 2024.

[15] Franquias pelo mundo: veja como funciona o sistema em outros países. **Portal do Franchising**, 10 jun. 2021. Disponível em: www.portaldofranchising.com.br/franquias/franquias-pelo-mundo. Acesso em: 7 maio 2024.

Os mercados dos Estados Unidos e da China, onde o franchising tem atuação mais forte, estão alguns anos na nossa frente. Sempre digo que é muito fácil empreender no Brasil, porque basta olhar para os mercados de fora e saber o que vai acontecer, para se antecipar, tanto com relação a novas tecnologias e ideias de negócio quanto a avanços e tendências. O franchising no exterior tem um mercado muito maduro, já passou por várias fases, fez a emancipação do franqueado no sentido do franqueado profissional, que não tem mais aquele perfil inexperiente.

Ainda existem os amadores, mas vários franqueados já entenderam que uma das formas de serem protagonistas, terem mais voz e mais resultado é fazer crescer as próprias franquias, virando multifranqueados. Então, nos Estados Unidos, muitos empreendedores escalam a relação de franquia, comprando várias e gerindo como se fossem uma rede dentro de uma rede, têm até capital aberto na bolsa de valores. São maiores do que muitos franqueadores brasileiros e são ótimos operadores, conseguem gerir muito bem esses negócios. Aqui no Brasil, infelizmente, essa ainda é uma realidade distante. O resultado é que hoje a quantidade média de unidades franqueadas das marcas brasileiras é bem menor do que as marcas estadunidenses.

Essas marcas crescem bem mais por alguns motivos. Primeiro porque conseguem ter a visão de multifranqueado, de crescimento orgânico. Segundo porque, quando o estadunidense vê algo bom, não quer copiar a ideia e implantá-la no seu negócio, e sim participar da ideia e somar. O brasileiro, por outro lado, devido à vontade de copiar marcas e ideias e querer fazer o dele, acaba pulverizando muito as soluções, tendo mais trabalho e menos resultados.

A Lei de Franquias estipula regras bem claras de como deve funcionar o franchising no país e como devem ser as relações entre franqueadores e franqueados. Ela abrange critérios como exclusividade de localização selecionada, diretrizes de controle de qualidade e padrões mínimos para capitalização e proteção de marca. Ter uma lei que regulamenta o setor de franquias no Brasil é de extrema importância para todos os envolvidos porque evita contratos que desfavoreçem o franqueado, por exemplo, e garante a padronização dos serviços oferecidos pelas marcas, o que, convenhamos, não é pouca coisa.

Assim, o processo de franchising ficou mais simples e justo para os envolvidos. O futuro do mercado de franchising brasileiro ganhou uma base mais segura, além de gerar crescimento de 10,7% no mercado em 2021.

As mudanças mais significativas entre a lei de 1994 e a atualização de 2019 quanto às obrigações do franqueador foram as seguintes:

- Cabe ao franqueador, ao licenciar a própria marca, conceder todo suporte para que o franqueado possa estabelecer uma operação eficiente e lucrativa.
- Algumas das atribuições do franqueador são fazer a gestão da rede de franquias, fornecer orientação aos franqueados, oferecer os devidos treinamentos para o franqueado e os funcionários, ensinar a metodologia e o modo de operação do empreendimento.
- Obrigações do franqueado incluem manter um padrão de operação pré-estabelecido pelo franqueador para que a qualidade seja igual em todas as unidades da marca. Isso não está previsto na lei de franquias, sendo estritamente um acordo entre as partes, visando à padronização dos produtos e serviços prestados. Apesar de não ser uma regra, é altamente

recomendável que seja seguida, pois o franqueador tem o direito de revogar o contrato em caso de prejuízo.

As redes brasileiras de franquias aumentaram a presença internacional em 16% em 2022, passando de 183 para 213 marcas e estendendo-se para 126 países, em um aumento de mais de 10% em comparação com 2021, conforme relatório da ABF.[16] Os principais destinos continuam sendo os Estados Unidos, Portugal e Paraguai.

O crescimento se deu principalmente pela reabertura econômica global pós-covid-19, com o desejo de atuar em novos mercados, a obtenção de receitas em moedas fortes e a redução dos riscos. O presidente da ABF, Tom Moreira Leite, atribui esse interesse renovado pela internacionalização ao forte ressurgimento do mercado de franquias no Brasil. O apoio da ABF e da ApexBrasil, pelo projeto Franchising Brasil, tem sido fundamental nesse sentido. Além disso, o número de marcas estrangeiras no país aumentou de 206 para 236.

O QUE É FRANQUIA E O QUE NÃO É FRANQUIA

Quando nos permitimos dar um passo atrás no nosso entendimento do que é franquia, deixamos de lado o conceito de que são marcas de negócios que se expandem de um canto a outro e passamos a entender que franquia é tudo aquilo que possibilita crescer e escalar de forma simples e padronizada. Se você preferir o conceito mais amplo: "Franquia é um processo de consolidação de know-how baseado em sistemas, propriedades intelectuais, ativos intangíveis e cadeias

---

[16] Franquias brasileiras aumentam presença internacional em 2022. **Sebrae**, 12 mai. 2023. Disponível em: https://sebrae.com.br/sites/PortalSebrae/conteudos/posts/franquias--brasileiras-aumentam-presenca-internacional-em-2022,587286ed4f018810VgnVCM-1000001b00320aRCRD. Acesso em: 7 maio 2024.

de suprimentos prontos para ser replicados por terceiros de forma simplificada, atuando na prestação de serviços da rede por meio de uma economia de escala".

Nos meus treinamentos, costumo mostrar empresas que são franquias e outras que não são, mas que todo mundo acha que são. Vou fazer o mesmo exercício com você agora. Na sua opinião, quais dessas marcas são franquias?

Com base no sistema de franquia puro, existe um contrato específico que o franqueado assina para representar aquela marca em um período de quatro a cinco anos, com todos os deveres e as obrigações relacionadas, respondendo à franqueadora naquela rede de estrutura. É um sistema que já foi padronizado e é protegido pela Lei das Franquias. Nesse modelo, entre as marcas que mostrei, somente a AmPm e os Correios são franquias.

Surpreso? Imagino que sim. A maioria das pessoas acha que todas aquelas marcas são franquias. Isso acontece porque se vê padrão – palavrinha mágica do franchising – em todas elas. É natural que quando a gente pense em franquia também pense em padrão. O que todas essas marcas têm em comum é terem aproveitado o sistema da franquia para estruturar os negócios, mas decidido praticar outros tipos de contratos na ponta em vez de escalar por meio de franquia.

Por exemplo, o Outback tem um padrão em todos os restaurantes, tanto em termos de layout quanto em produtos e atendimento, mas não é franquia. Em relação ao modelo de expansão, existe um gerente como sócio operador da loja, que investiu um valor simbólico de 60 mil reais e tem 10% daquele restaurante. Se ele não tem grana na hora para investir, dilui com a operação. No contrato, consta que ele deve bater meta e cumprir performance. Ele ganha um pró-labore fixo mensal (já que é sócio) e gera em torno de 10 mil a 12 mil reais por mês. Ganha também um bônus escalonado conforme o Ebitda e, em cinco anos, tem a opção de sair com 10% do que vale o negócio.

Peter Rodenbeck, que trouxe o Outback ao Brasil, vendeu essa visão para os empresários dos EUA, que compraram a ideia. Toda loja inaugurada tem a maior parte dos custos bancada por eles, que trabalham todo o plano de carreira com a base. O empreendedor começa como garçom, se torna gerente de salão, depois gerente de loja e, quando abre o Outback, vira proprietário (sócio operador).

Por que o Outback decidiu não optar pela franquia, Rapha? Porque é uma operação de alto valor de investimento e complexa, afinal, são mais de cem funcionários, e não é qualquer pessoa que pode tocar os restaurantes da marca.

Vivo, Claro, Tim, Oi e outras companhias do tipo têm um padrão de preços, uniforme, marca e barreiras de saída, ou seja, tenho certeza de que você já sabe que não é nada fácil sair de uma portabilidade para outra. Mesmo assim, cada um dos lojistas têm um contrato que não é de franquia, com um vínculo muito mais raso e sem uma lei que os apoie.

O modelo do Starbucks nos EUA é de lojas próprias. Aqui no Brasil é de masterfranquia, uma figura que representa a franqueadora na região, com a possibilidade de subfranquear e operar também. Um modelo que, considerando o potencial que tem, não vem dando certo por aqui.

A Walt Disney, por sua vez, tem licenciamento de marcas, com um contrato também mais raso, o que é diferente de franquia. A Herbalife faz venda direta. O Big Brother é um direito de marca, ou seja, a Globo comprou o direito da marca para utilizar no Brasil.

Qual é a conclusão disso? Independentemente do modelo que você optar por colocar na ponta, quando você olha para o franchising e aprende a trabalhar padrão, é quando ganha – o resto é detalhe.

ESTRUTURAR UM NEGÓCIO DE FRANQUIAS É DEIXAR O SISTEMA FAZER O MAIOR TRABALHO. DEPENDA DE SISTEMAS, E NÃO DE ESPECIALISTAS.

FRANQUIA COMO CANAL DE VENDAS

É importante entender a real essência do franchising. O conceito mundialmente aceito o divide em dois: um é o franqueador e o outro é o franqueado. O franqueador tem como principal papel cuidar da estratégia de expansão da marca, tendo a franquia como um dos canais de distribuição. Do outro lado, o franqueado opera o modelo de negócios estruturado, sem sucesso garantido, mas com todo o apoio por trás.

Partindo desse conceito, podemos concluir que franquia não é um mercado nem um modelo de negócios, e sim um dos canais de distribuição de um produto ou serviço. A Fini representa bem o que eu quero mostrar aqui. Uma marca europeia que tinha como foco ser uma grande indústria de balas veio ao Brasil há vinte anos, implantou um grande parque fabril em Jundiaí (SP) e começou a vender os produtos em supermercados, farmácias, cinemas e outros varejos, como nas Lojas Americanas. Há cinco anos, a marca estudou o modelo de franquia e pensou: "Por que não trabalhar um canal de distribuição extra dos nossos produtos via franchising e criar um modelo de varejo único e exclusivo para o franqueado operar?". Entenderam que fazia sentido financeiramente falando, inclusive mais sentido do que partir por conta própria.

Veja que legal é essa estrutura estratégica. A fábrica da Fini vende para os varejistas, que vendem direto para o consumidor final. Como franquia, o que eles precisavam fazer? Ter mentalidade de varejo, mirando diretamente o consumidor final. Assim foi percebida a necessidade de ter pontos de experiência, o que gerou o projeto arquitetônico de lojas que proporcionassem essa experiência para o consumidor, coisa que grandes redes varejistas como as Americanas não fazem.

Os franqueadores teriam condições financeiras de bancar várias lojas próprias, mas tributariamente não fazia sentido porque, se fossem crescer com lojas próprias, elas não entrariam no modelo de tributação do Simples Nacional. Ou seja, para viabilizar uma operação pequena que fatura 60 mil reais no varejo, esses 5% de diferença de imposto seriam representativos. Foi alcançada ainda uma segunda conclusão. O franqueado, sendo dono da unidade, por estar vivendo o negócio no dia a dia, opera muito melhor do que a rede, que tem uma estrutura gigante para gerir.

Na sequência, a Fini optou por ter lojas e quiosques e percebeu que as lojas vendiam bem menos que os quiosques. Isso porque o quiosque está no meio de um fluxo de gente e, considerando que o produto da Fini é de compra por impulso, a conta fecha. Uma análise comparativa mostrou que o quiosque gerava menos custos, mais faturamento, mais vendas e mais proximidade com o consumidor. Por tudo isso, foi criado um modelo de expansão por quiosques franqueados em vários shoppings. Hoje, após três anos, existem mais de cem quiosques espalhados pelo país.

Conforme divulgação da própria Fini, o canal de franquia representa 1% do faturamento da empresa no Brasil. Por que continuam mantendo a estratégia de expansão com franquia se ela representa tão pouco no faturamento? Para a Fini, franquia é marca. Como marca, eles estão despertando mais desejo, construindo presença e lembrança mais forte, bem como aumentando o faturamento do ecossistema em torno dessa franquia. Dentro do varejo, existe o termo *rail effect*, que significa "efeito áurea". Quando você opera 100% no digital – com delivery, e-commerce ou conteúdo na internet – e abre um ponto físico, o seu faturamento no digital aumenta até 30%.

O mesmo acontece quando você abre vários pontos físicos em lugares diferentes. Quanto mais pontos de contato você tiver com o seu cliente, mais a marca ganha força e todo mundo lucra. Quando a Fini abriu quiosques perto das Lojas Americanas, por exemplo, para muitas pessoas foi um tiro no pé concorrer com uma loja tão grande que já vendia os produtos. Mas o que aconteceu foi que a Fini passou a faturar mais nos quiosques e, pasme!, a receber mais pedidos das Lojas Americanas.

MITOS SOBRE FRANQUIAS

Existem alguns mitos sobre o franchising, falas que costumamos ouvir e repetir, as quais faço questão de esclarecer aqui.

Mito 1

Ter franquia é empreender com menos trabalho. Não existe menos trabalho, o que existe é um trabalho estratégico. É tudo bem dividido: a franqueadora cuida da marca, dos treinamentos e dos produtos, enquanto o franqueado cuida da operação, do time e do atendimento para encantar o cliente. O empreendedor trabalha tanto quanto se estivesse empreendendo do zero, sem franquia. Estar à frente da operação é um dos principais indicadores de sucesso das franquias, por isso não entre com a mentalidade de começar a se aposentar. Não é por aí.

Mito 2

A franqueadora controla tudo. Uma franqueadora não controla tudo, é impossível. Quanto mais relação de comando-controle houver, menos chances de criações vão existir. Então, ao decidir franquear o seu negócio, além de crescer mais rápido, de maneira mais barata e fortalecer a marca, como a Fini fez, você opta por uma estratégia para melhorar o seu negócio atual. Isso porque, ao seu lado, você terá pessoas dando ideias, repensando o negócio, observando o consumidor, tocando a sua marca em regiões diferentes com realidades diferentes, melhorando o modelo de negócio. Quando você empodera os seus franqueados – e essa é a grande sacada –, eles viram empreendedores da sua marca, e não meros executores da operação.

Se você decidir podar as asas dos franqueados, vai matar o espírito empreendedor que os fez decidir pela franquia. Se não os deixar mostrar os problemas, dar feedbacks e ideias de melhorias, o seu negócio está fadado ao fracasso e vai durar cinco anos no máximo.

Vou dar três exemplos do McDonald's que jogam esse mito por terra. O principal produto da rede hoje é o Big Mac. Sabe quem criou esse produto? Um franqueado. Lá nos EUA, ele percebeu que muitos clientes não ficavam satisfeitos com a tradicional solução hambúrguer + batata frita. Então, ele inventou uma opção mais robusta de lanche: dois hambúrgueres, alface, queijo, molho especial, cebola, picles e pão com gergelim. Estava feito o Big Mac. Quando começou a vender muito, a franqueadora reclamou que não estava no padrão dos produtos da rede. Ele argumentou que era o item que mais vendia, a franqueadora confirmou e se surpreendeu, então institucionalizou o produto e o inseriu no cardápio da rede no mundo todo. Essa criação de um franqueado é hoje o produto campeão do McDonald's.

O segundo exemplo vem de uma franqueada da Guatemala que viu que o Big Mac matava a fome dos adultos, mas que estava perdendo o potencial com as crianças. Decidiu, então, dar um brinquedinho com o lanche. Depois criou um espaço kids no restaurante. Foi essa franqueada que inseriu na rede o espaço kids e nada mais nada menos que o McLanche Feliz. A rede viu o que ela fez, montou uma caixa no formato de casinha com joguinhos, licenciou os brinquedos em parcerias, e o produto estourou no mundo todo.

O terceiro exemplo foi de uma franqueada de Curitiba (PR) que, em 1990, criou o primeiro quiosque de sorvetes do McDonald's. A ideia surgiu como ação de marketing para chamar a atenção de quem passava no shopping e indicar onde ficava o restaurante, já que, na época, não era comum ter praças de alimentação. A rede apostou na ideia que hoje faz parte da estratégia mundial da marca.

Mito 3

Franquia é um negócio antifalhas. Mentira![17] É verdade que a franquia reduz drasticamente a mortalidade das empresas. Segundo o Sebrae, a taxa de mortalidade das pequenas empresas com até três anos de operação é de 60%. Enquanto que no franchising é de 6%. Mesmo assim, não é antifalhas, como qualquer negócio. Se algum

---

[17] 5 principais causas de fechamento de franquias no Brasil. ABF, 2 ago. 2022. Disponível em: <https://www.portaldofranchising.com.br/franquias/causas-de-fechamento-de-franquias/>. Acesso em: 3 jun. 2024.

dia souber de algum negócio antifalhas, por favor me avise, que vou investir nele na mesma hora.

Mito 4

O franqueado não precisa fazer estudo nem planejamento. Já que a franqueadora faz tudo isso, o franqueado pode achar que não precisa se preocupar. Mas quem conhece melhor do que ninguém o mercado é o franqueado, e não a franqueadora, mesmo que ela o estude. Por isso, quando a franqueadora deixa esse caminho aberto para o franqueado ajudar na pesquisa e no planejamento com esses feedbacks, as chances de acertar são muito maiores.

OS 4 PORQUÊS DA FRANQUIA

Depois de conhecer os quatro motivos pelos quais todo empreendedor deve transformar o negócio em franquia, acho difícil você ignorar essa possibilidade daqui para frente.

- **Primeiro porquê**: a franquia é a melhor maneira de fazer marca. Quanto mais pontos de contato e mais abrangência ela tem, mais reconhecida e forte ela fica. A capilaridade amplia de forma rápida porque, quando cresce com uma franquia, o franqueado cresce muito mais rápido. E, quanto mais rápido cresce, mais presença tem, mais esforço de marca ganha e mais todo mundo comemora. Definitivamente, um dos melhores círculos virtuosos que eu conheço.
- **Segundo porquê**: o franchising é a maneira mais rápida e barata de expandir. É claro que qualquer um pode crescer por conta própria, organicamente, com dinheiro da operação, mas leva muito mais tempo para ter um número grande de lojas.

Com a franquia, você aproveita o movimento do mercado de pessoas que querem empreender, dentro de um modelo de negócio já estruturado, com mais segurança e validação. A franquia também é uma opção mais econômica para o franqueador. Muitos que cresceram investiram quase nada nessa estrutura para replicar negócios, porque os principais ativos de uma franqueadora são a marca e o know-how. São ativos intangíveis que precisam de investimento em prédios, indústria, sistemas, marca e muito mais. Muitos negócios iniciam a expansão sem ter indústria nenhuma. A maior franquia do mundo de açaí, a OAKBERRY, por exemplo, tem franquia de açaí sem nunca ter produzido uma gota do produto.

- **Terceiro porquê**: a franquia otimiza o próprio negócio. Segundo pesquisa de 2017 da ABF,[18] as franquias costumam gerar inovações e melhorias de produtos e serviços por meio de upgrades de processos, ferramentas de gestão, técnicas ou tecnologias. Visando ao ganho em larga escala e à otimização da operação como um todo, as franqueadoras estão constantemente buscando soluções nesse sentido que geram aprimoramento de toda a cadeia. Ou seja, todos ganham no processo.

- **Quarto porquê**: o franchising monetiza conhecimento com valor a longo prazo (LTV). Sabemos que hoje o conhecimento é um dos principais ativos de uma organização. Considerando que um dos papéis da franqueadora é passar adiante o know-how aos franqueados, ao longo do tempo ele é monetizado com LTV. E não apenas a franqueadora ganha, mas também

---

[18] Balanço ABF 2017 aponta segmentos que mais cresceram e internacionalização. **ABF**, 5 mar. 2018, Disponível em: https://www.abf.com.br/balanco-abf-2017-aponta-segmentos-que-mais-cresceram. Acesso em: 7 maio 2024.

o franqueado, à medida que lucra com o negócio. Entretanto, é importante que esse conhecimento não seja unilateral, e sim construído e trocado por ambas as partes, para que todos se sintam participantes ativos do processo.

Quando você une todos esses porquês, não restam dúvidas quanto aos benefícios de franquear um negócio.

ENXERGUE O FRANQUEADO COM OUTROS OLHOS

"Cabe ao franqueador fazer os franqueados pensarem corretamente através de hábitos e rituais". Não, essa não é uma fala minha nem da nova geração do franchising brasileiro (ufa!). É de um multifranqueado e aconteceu em uma convenção nos Estados Unidos, em 2016. Vamos analisá-la.

Temos mesmo que fazer alguém pensar corretamente? O que devemos, como franqueadores, é incentivar comportamentos que sigam a cultura e os valores da companhia, para que o franqueado seja ativo na rede. Ensinar a pensar não faz o menor sentido. O franqueado é um empreendedor junto da franqueadora, por isso deve ser ativo, apresentar ideias, dar feedbacks.

O franqueado que fica dentro da caixa, na zona de conforto, mais cedo ou mais tarde vai se desengajar, se desmotivar e entrar em uma bolha de baixa performance. O contrário disso é a emancipação do franqueado, o que para mim é a bola da vez, é o que está fazendo a grande diferença no mundo do franchising.

> **PERIGO: A ZONA DE CONFORTO É UM LUGAR DE NÃO CRESCIMENTO.**

Trazer o franqueado para perto, incentivá-lo a ser ativo nas redes sociais, a ter página própria, a se relacionar com o cliente, a participar de conselhos na empresa, a ajudar outros franqueados em um modelo de coaching – o que chamamos de *peer to peer*: franqueados antigos ajudando franqueados novos, por exemplo –, a escalar o próprio negócio virando multifranqueado, a participar de associações de franquia, de comércio, sendo um porta-voz do negócio. Note a quantidade de coisas que você pode fazer para que o franqueado seja seu parceiro no negócio.

Para tudo isso, é necessário existir um ambiente de confiança dentro da sua estrutura. Você não empodera alguém sem antes passar essa confiança adiante. Tenha um ambiente que gere autonomia para deixar o franqueado fazer, errar, acertar. Empodere-o, dê sentimento de responsabilidade, cobre engajamento, crie um senso de comunidade e pertencimento com o propósito do negócio. Se todos seguem juntos esse propósito, vira uma tribo, como um time de futebol ou uma igreja. A mentalidade de quem quer criar uma rede – porque franquia é rede – é exatamente essa.

Sou da opinião de que sempre temos algo a aprender com o outro, seja sócio, colega, colaborador, cliente, fornecedor, concorrente. Eu aprendo com todos eles e sempre procuro absorver aprendizados com marcas que estão fazendo a diferença no mercado. Não para copiá-las, mas para renovar o meu estoque de "é possível fazer diferente".

MARCAS QUE VÊM QUEBRANDO CRENÇAS DO MERCADO

Nessa busca por marcas que estão inovando no franchising, encontrei *cases* de algumas que têm utilizado o sistema de franquias para expandir os negócios de uma modo criativo e inovador. Isso inspira e ensina demais!

Por exemplo, a Hope, tradicional marca de lingeries, vem inovando o mercado há alguns anos. Com 55 anos de existência, a marca tem mais de 250 lojas próprias espalhadas pelo país e há vinte anos implantou o sistema de franquias, inovando muito nesse quesito. Desde 2021, a empresa trabalha o modelo híbrido Duo, composto dos produtos HOPE e HOPE Resort, com itens de moda praia e fitness, para aumentar a presença no mercado. O modelo de lojas Hope Duo levou a marca para cidades menores, com até 200 mil habitantes.

"A cliente encontra, no mesmo espaço, um mix de produtos mais variado, com lingerie, moda praia e fitness. O lojista, por sua vez, tem baixo custo de ocupação, além de o investimento para a abertura da loja ser menor, já que são unidades de rua", segundo Sandra Chayo, diretora do Grupo Hope.[19]

Para abrir uma loja Hope tradicional de 40 metros quadrados em shoppings, o franqueado investe de 400 mil a 450 mil reais. Já para as lojas Duo, exclusivamente de rua, com 60 metros quadrados, é preciso desembolsar de 280 mil a 300 mil reais. As lojas Duo apresentaram faturamento médio 21% acima do esperado e tíquete médio 37% maior do que nas lojas tradicionais. Um dos motivos disso é o ciclo menor de compra, ou seja, enquanto nas lojas Hope Lingerie esse ciclo é de três meses e meio, nas Duo, que vendem também artigos de moda fitness da marca Resort, ele cai para um mês e meio. As lojas podem operar o aplicativo próprio da Hope, vender por WhatsApp e e-commerce e atender ao Hope em Casa, entregando peças e novidades das marcas na casa das consumidoras cadastradas.

Outro exemplo é a Mais1.Café, uma das cinquenta redes de franquias que mais crescem no Brasil – e pasme! – sem nunca ter tido loja própria. Inaugurada em 2019 em Curitiba (PR), a marca

---

[19] GRATÃO, P. Com foco em cidades pequenas, Hope começa a vender franquia mais barata. **Pequenas Empresas Grandes Negócios**, 15 abr. 2021. Disponível em: https://revistapegn.globo.com/Franquias/noticia/2021/04/com-foco-em-cidades-pequenas-hope-comeca-vender-franquia-mais-barata.html. Acesso em: 7 maio 2024.

já apresenta números impressionantes: mais de setecentos pontos em 25 estados e em mais de 220 cidades, com uma nova unidade aberta a cada trinta horas. A empresa tem formato de preparação rápida, dentro do conceito *to go*, que possibilita uma entrega ágil e acessível a todos os públicos. Para Alan Parise, sócio fundador e diretor de expansão, o maior diferencial da marca é que ela já nasceu para ser uma franquia: "Tudo, desde a concepção, foi projetado com esse intuito. A marca, as cores, os fornecedores homologados, a logística, o cardápio… todos os pontos foram pensados em um formato que possibilitasse uma expansão rápida".[20]

A Mais1.Café tem um posicionamento baseado em três pilares: qualidade, praticidade e tecnologia. Qualidade por oferecer um café especial com grãos brasileiros. Praticidade por seguir o conceito *to go*, oferecendo ao consumidor a praticidade de tomar o café em qualquer lugar. Tecnologia por focar o autoatendimento com um sistema digital e telas sensíveis ao toque, o que personaliza o serviço e dá mais autonomia ao cliente.

Todas as lojas da marca são franquias, ou seja, não existem lojas próprias, por isso a empresa adota critérios rígidos para selecionar novos franqueados. A Mais1.Café tem vários formatos de franquia, com modelos de 12 metros quadrados a 30 metros quadrados, entre lojas de rua, quiosques em shoppings e aeroportos, containers e drive-thrus.

Considerando os meus próprios *cases* com franquia, vivi os dois lados da moeda: como franqueador e como franqueado. Depois do sucesso da PremiaPão, decidi sair da zona de conforto e trazer uma marca dos Estados Unidos para o Brasil, a Pizza Studio, um

---

[20] CAVALCANTI, A. K. Conheça a Mais1.Café, franquia de cafés especiais que figura entre as marcas que mais crescem no Brasil. **Rede Food Service**, 18 abr. 2023. Disponível em: https://redefoodservice.com.br/2023/04/conheca-a-mais1-cafe-franquia-de-cafes-especiais-que-figura-entre-as-marcas-que-mais-crescem-no-brasil. Acesso em: 7 maio 2024.

negócio que conheci em uma das minhas viagens para lá. Era um modelo incrível, que estava crescendo muito no exterior. Fiquei um tempo na Califórnia, onde surgiu a marca, namorando o negócio até trazê-lo para cá, tendo o meu pai como sócio.

A Pizza Studio é como se fosse um Subway de pizza. O cliente customiza a pizza, escolhe desde o sabor da massa até os ingredientes, e ela fica pronta em três minutos. Abrimos quatro unidades em seis meses. Foi um sucesso, e virei masterfranqueado da marca. Isso me deu uma visão de franqueado e de franqueador dentro do mesmo negócio.

Sempre comecei as minhas empresas de forma enxuta, colocando a mão na massa desde o início, entendendo como funcionava, aprendendo como fazer, dominando o produto e sentindo o público. Queria que os clientes saíssem satisfeitos e nos divulgassem para outras pessoas, porque é esse o caminho para consolidar uma marca. Os bons negócios são totalmente consistentes na experiência de entrega para os clientes, que sabem o que é se sentir bem e ser bem atendido em qualquer ponto de contato com a marca. Previsibilidade é o nome do jogo.

Enquanto a PremiaPão crescia, decidi montar uma rede de agências que atendesse ao mundo inteiro com o DNA de franquia, mas sem ser franquia. A Revolução Digital surgiu porque eu e os meus sócios percebemos uma demanda dos nossos próprios franqueados da PremiaPão por soluções digitais. Quando criamos a estrutura da Revolução Digital, já tínhamos um know-how muito grande de marketing digital, de estruturação de modelos de negócios *home based* e uma oferta gigante que já vinha pelo meu canal do YouTube e da PremiaPão para microfranquias.

Estudando bem o mercado de agências digitais e de franquias, percebemos uma grande lacuna. A franquia muitas vezes restringe o franqueado a uma região geográfica, dando exclusividade e fazendo-o levar a marca da franqueadora adiante. Acreditávamos que o serviço de marketing digital não precisava ser desse jeito, que poderíamos dar tudo o que uma franqueadora dá (suporte, treinamento, sistemas), inclusive criando a marca e o deixando atuar livremente. O digital é um mercado sem barreiras, você pode estar em Recife, em Porto Alegre ou em qualquer outro lugar e vender para qualquer tipo de cliente no mundo inteiro. É um negócio que se vende pelo digital e se entrega pelo digital.

Uma das estratégias que montamos com o empreendedor é justamente criar nichos, subnichos, especialidades para que ele não concorra diretamente com muita gente, reduzindo o índice de concorrência. Então, se ele tem a liberdade de escolher um nicho, de adaptar o serviço com base no know-how que ele tem ou no mercado em que quer atuar, para algum tipo de público específico, o ideal é que a marca dele se comunique diretamente com esse público. Então, se não vai levar a nossa marca e vai atuar livremente, por que não criar um modelo mais leve? Mesmo assim, toda a base e o DNA de franquia estão ali. Essa foi a única diferença.

A Revolução Digital é mais uma empresa de educação com tecnologia (edtech) com os pilares de uma franquia do que qualquer outra coisa. Oferecemos todas as condições para que a pessoa tenha uma microagência de marketing digital, enxuta e lucrativa, que atrai clientes e entrega serviços de qualidade. Entre essas condições estão plataformas de treinamentos, suporte contínuo, marca e site personalizados, encontros on-line, comunidade para networking, planejamento e acompanhamento, modelos de proposta, briefing, contrato, planilhas e documentos prontos, além de ferramentas mais acessíveis.

FRANQUIA NÃO É UM MERCADO NEM UM MODELO DE NEGÓCIOS, E SIM UM DOS CANAIS DE DISTRIBUIÇÃO DE UM PRODUTO OU SERVIÇO.

VENDER, LUCRAR, ESCALAR
@RAPHAELDMATTOS

O processo funciona em quatro etapas. Primeiro fazemos a seleção, na qual o interessado preenche o formulário para participar do processo seletivo e, se aprovado, faz o pagamento e ingressa no programa. Depois vem a preparação, etapa em que organizamos a marca e o site da agência, enquanto a pessoa se capacita com nosso apoio de treinamento, mentorias e comunidade. Na terceira etapa, da operação, o franqueado inicia a captação dos primeiros clientes, contando com modelos, processos e ferramentas, além da orientação e do apoio dos mentores e da comunidade. A quarta e última etapa é a escala, quando ele fideliza os clientes e expande a atuação, multiplicando os lucros e ganhando a desejada liberdade.

Também sou sócio na Konioca, primeira franquia de tapioca em cone do mundo, com o Joel Jota, a Larissa Cieslak e a Marcela Martins. Na marca Docecleta, a primeira franquia fast-food de brownie do Brasil, atuo junto do casal Marcelo Moura e Mariána Paashaus. Também sou sócio da Coxinha no Pote, um fast-food de minicoxinhas com mais de quarenta unidades pelo país.

Atualmente, o que tem tomado a maior parte do meu tempo e da minha energia é a minha empresa de consultoria e educação para empreendedores, a Player, com a qual posso trocar conhecimento e experiências com organizações, empreendedores e empresários de todo o Brasil. Imersões, palestras e cursos são alguns dos serviços que ofereço nesse modelo de negócios.

E aí, já está vendo a franquia com olhos de possibilidade? O que posso garantir, tendo uma vida toda no franchising, é que corresponde a um caminho sem volta. Você vai ganhar tanto em troca – dinheiro, conhecimento, coragem, liderança, resiliência, sonhos realizados – que, mais cedo ou mais tarde, vai se deparar com a fatídica pergunta: "Como vivi sem essa energia por tanto tempo?".

11.
TUDO COMEÇA COM UM SONHO...

Mas a história não acaba aqui.

Quero, antes de tudo, agradecer a você por me deixar compartilhar um pouco da minha história e dos meus aprendizados até aqui. Talvez você nem imagine, mas durante a escrita deste livro me senti conversando com você e me coloquei no seu lugar em vários momentos: como empreendedor, como franqueador, como franqueado e, principalmente, como sonhador. Todos temos sonhos, mas muitas vezes, com a correria e os desafios do dia a dia, nos esquecemos deles ou os deixamos em segundo plano.

Estou aqui para dizer que sem um sonho nada começa e nada tem continuação. Portanto, se você está no piloto automático da vida, pare e reflita. Saia daí e comece a seguir esse raio que tem a eletricidade para levantar qualquer sonho adormecido, qualquer talento desperdiçado e qualquer negócio estagnado. Se você não tem ideia do tamanho que a sua marca pode ter, eu tenho.

Se tudo começa com um sonho, preciso dizer que todo sonho começa com um porquê. O seu porquê deve ser algo muito maior do que a busca pela grana. Quem chega lá sabe que não é isso. Existem três porquês que me movem a viver e a melhorar todos os dias. Spoiler: contém amor.

O PORQUÊ DO EMPREENDEDOR

Meu primeiro porquê são as minhas filhas, que são o legado que estou deixando para a minha família. Perceba que eu disse "estou deixando", e não "vou deixar", porque o legado é construído e transmitido para as pessoas enquanto se vive. Desde que a minha mais velha, a Julieta, começou a falar e a perceber que eu saía de casa para trabalhar, passou a me fazer a mesma pergunta todos os dias na porta de casa: "Papai, por que você precisa ir trabalhar?".

Eu sempre dava aquela resposta decorada que nos acostumamos a ouvir desde sempre: "Porque o papai tem que ganhar dinheiro". De tanto repetir, comecei a questionar essa resposta, afinal esse nunca foi o meu porquê. Eu precisava passar para a minha filha, desde pequena, a mensagem de que existe um legado por trás do que fazemos todos os dias. Mudei a minha resposta para: "Papai sai de casa para fazer as pessoas felizes". É esse o meu propósito de vida, é ajudar as pessoas a realizarem sonhos.

A princípio, Julieta não entendeu, mas, quando passei a levá-la às convenções, ao nosso escritório, a inseri-la no nosso ambiente, ela viu isso acontecendo na prática. E hoje ela repete essa resposta com naturalidade.

Então chegou a minha segunda filha, a Angelina – e cada filho vem de um jeito –, que passou a questionar ainda mais:

— Papai, por que você está indo trabalhar?

— Porque o papai está indo fazer as pessoas felizes.

— Mas e eu? Também quero ser feliz.

Pensei: "Ferrou, não sei responder a essa pergunta!". Confesso que estou até hoje procurando uma resposta à altura desse questionamento.

O meu segundo porquê – realizar sonhos e impactar vidas – vem da história que vou contar agora. Desde o início da minha trajetória empreendedora, tinha esta frase escrita bem grande na parede do escritório: "Tudo começa com um sonho". Sempre acreditei nisso e sonhei muito alto. Sonhei em dar um carro popular para alguém que se cadastrasse na nossa premiação. Sonhei que impactaria a vida de milhares de pessoas. Sonhei que teria um escritório em Recife, com uma vista linda, abaixo do escritório do meu pai. Sonhei que estaria aqui, diante de pessoas que leriam e aprenderiam com o meu livro. Eu quis muito tudo isso. Mas não bastou ficar só no sonho.

Um belo dia, um franqueado da PremiaPão entrou no escritório com uma tatuagem da nossa marca. Em um braço, a tatuagem do pé da filha que tinha acabado de nascer; no outro, a marca da PremiaPão com a frase: "Tudo começa com um sonho". Todo mundo da empresa parou para o escutar falando: "Gente, eu sempre tive o sonho de ser pai, passamos quatro anos tentando. Eu vivia estressado por causa do trabalho, sofri um assalto traumático, fui afastado e então encontrei a PremiaPão. Descobri que eu poderia ajudar outras pessoas, achei uma forma de me realizar e realizar o próximo. Hoje, graças à PremiaPão, realizei o sonho de ser pai. Por isso, precisei tatuar essa marca no meu braço". Foi uma comoção geral no escritório, e sempre me arrepio quando conto essa história.

Esse franqueado é o que mais ganha dinheiro, que mais puxa outros franqueados, que mais foi empoderado a ponto de ser hoje o diretor da franquia. E tudo isso não veio da relação de que primeiro tem que ter resultado para depois gostar do negócio, mas do contrário. Ele se apaixonou pela ideia antes de ter resultado.

Ele nunca precisou mostrar a tatuagem porque tem tatuada no brilho dos olhos a paixão pelo negócio que escolheu tocar. Quando fala da PremiaPão, ele inspira as pessoas, vende pela energia, atrai propósitos. É assim que a gente gera resultado hoje, fazendo outras pessoas, principalmente os nossos clientes, comprarem a nossa paixão e a nossa energia. Levo isso como mantra de vida. É tatuar a sua mensagem, antes de tudo, no coração de alguém.

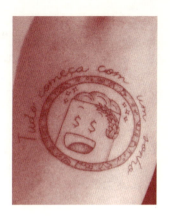

O meu terceiro porquê – ajudar a criar trajetórias de sucesso e transformação – também vem de uma história. No prédio onde fica o nosso escritório tinha um rapaz que vendia brigadeiro. Todos os dias, quando eu saía para pegar as minhas filhas na escola ou fazer uma reunião, eu o via de sandália, com uma embalagem enorme fechada, ou seja, ninguém sabia o que ele vendia. Certa vez, percebi que ele estava triste. Do nada, despertou em mim a vontade de perguntar: "Por que você está fazendo o que está fazendo?". Chamei um cinegrafista e decidi que eu precisava contar aquela história. Abordei o moço com várias perguntas:

— Qual é o seu nome?

— Micheas Tomás.

— Por que você vende brigadeiro?

— Preciso ajudar a minha família. Perdi a minha mãe muito cedo, o meu pai não pode mais trabalhar, eu não sou formado em nada. Antes da pandemia, eu vendia brigadeiro na universidade Maurício de Nassau. Não consigo mais vender lá e agora estou aqui.

— Quanto você vende por mês?

— Mais ou menos mil reais.

— E quanto você põe no bolso?

— Como assim? Não sei. — Pensei: "Ele não deve lucrar nada, nem sabe direito o que está fazendo".

— Você topa a minha ajuda? Quero ajudar você a vender mais.

— Topo, é claro.

Naquele dia, fiquei meia hora do outro lado da rua o observando. Depois, nos reunimos e passei tudo o que ele precisava fazer a partir do dia seguinte. No dia seguinte, no horário marcado, desci para encontrá-lo, e nada de ele aparecer. Micheas sumiu por dois meses, até que voltou.

— Cara, o que aconteceu? Eu quero ajudar!

— Não, isso não é para mim, não consigo. Me deixa.

— Não vou deixar você, cara. Quero ir à sua casa amanhã, falar com a sua família, ver como faz o brigadeiro, quero ajudar lá dentro para depois ajudar você aqui. Temos um compromisso?

— Temos.

No dia seguinte, ele me respondeu por mensagem: "Não vai dar, Rapha".

— Mas posso ir aí falar contigo rapidinho? Já estou a caminho.

— Não precisa vir, me desculpe. Deus te abençoe.

— Deus te abençoe, mas não vou largar você, criatura. Não vou deixar você perder essa oportunidade nem desistir do seu sonho.

Levei dois meses tentando convencê-lo, até que consegui ir à casa dele gravar. Levei uma nutricionista para ensinar a melhor forma de fazer o brigadeiro, estocar e comprar os ingredientes certos. Dei dicas de como deveria precificar, fazer o marketing, se relacionar com o cliente. Em resumo, dei um banho de franquia nele. Ele saiu com uma *food bike*, uniforme, tabela de preços, bolsa pirulito, maquininha de cartão e até com bolsa de estudos para estudar na universidade onde ele vendia brigadeiros, a Maurício Nassau. Mais do que tudo isso, ele ganhou o que mais precisava: confiança em si mesmo para nunca mais desistir dos sonhos.

Então, em resumo, saio de casa para trabalhar todos os dias para cumprir esses três porquês: deixar um legado para a minha família;

impactar e ajudar meus clientes e parceiros a realizarem sonhos; e deixar um legado para a sociedade, ajudando a criar histórias de sucesso e transformação. Essa é a minha energia de raio, o que eletrifica todos os meus sentidos e esforços. Sentiu a força aí?

Além de saber quais são os seus porquês, as suas razões para fazer o que faz, você precisa adquirir – se já não tiver – uma habilidade fundamental para dobrar a sua força e a sua energia. Chute qual é. É saber vender o futuro para quem o cerca. E não estou falando somente de clientes.

Com a palavra, minha esposa Gryma:

> Desde que nos aproximamos, o Raphael sempre atuou como um bom romântico, fazendo juras de amor, mandando letras de música, presenteando com flores e pequenos objetos cheios de significado. E não poderia deixar de existir uma música, que ele compôs depois do nosso primeiro beijo – pacote mais do que completo!
>
> Eu recebia isso com um amor que nascia dentro de mim, mas ao mesmo tempo com medo dos planos que ele tinha, entre eles o de fazer faculdade fora do país. Eu tinha muitas dúvidas e resistência, não sabia se esse relacionamento se sustentaria após a viagem, mas o Raphael sempre afirmava e reafirmava que nos casaríamos!
>
> Então, depois de alguns meses namorando, Raphael se mudou para os Estados Unidos e me deixou um "cartão para o futuro". Aquelas palavras não soaram como carta de amor, e sim como um contrato sólido. Ele me pedia que estivesse com ele naquela nova jornada, dizia que haveria muitas dificuldades, mas que o nosso amor as superaria.
>
> Confiei! Mas é claro que na prática não foi tão fácil assim. Logo no primeiro mês tivemos as pedras no caminho… O esforço

era imenso para nos falarmos, por conta do fuso horário, da rotina, e pelo próprio meio que usávamos na época, o Skype.

Fizemos planos para superar saudade, ciúmes, carência, incompreensões e também para nos encontrarmos no menor espaço de tempo possível. Essa parte era muito forte. Quando nos reencontramos, depois de dois ou três meses, parecia que dependíamos um do outro para voltar a atingir níveis de oxigenação ideal dos nossos pulmões. Era muito intenso, nas alegrias, nas discussões, nos olhares, nos carinhos. E depois de tudo isso, tínhamos que enfrentar mais um tempo longe.

O que nos mantinha juntos com certeza era a convicção de Raphael. Eu era ainda muito imatura emocionalmente, mas ele repetia de tempos em tempos, bem baixinho para não incomodar o *roommate*, em uma qualidade bem ruim de imagem de vídeo daquela "era", o que havia na carta: que já estava escrito que ficaríamos juntos!

Acho que a carta entrou na nossa história como uma âncora que nos ajudou muitas vezes a não sermos levados para oceanos diferentes. No último ano de faculdade, eu pude ficar um semestre inteiro com ele. Na volta ao Brasil, tínhamos uma nova relação de descoberta a ser vivida juntos, mas ainda precisávamos de tempo até nos casarmos, o que finalmente aconteceu quando tínhamos 24 anos.

Tínhamos o plano, a promessa, o amor para nos casarmos, mas eu não imaginava que seria tão profundo em minha vida, que precisava tanto dessa união. Para mim, foi transformador poder experimentar um amor que não deseja mais ser atendido, e sim atender, um amor que não exige, um amor que dá, um amor que não prende, e sim um amor que liberta!

VOCÊ PRECISA SABER VENDER FUTURO

Costumo falar que a principal habilidade de um empreendedor é aprender a vender o futuro. Para quem? Antes de tudo, para si mesmo. Temos que acreditar mais do que ninguém naquilo que fazemos. Afinal, só conseguimos nos comprometer com toda energia com o que acreditamos e só vendemos bem se nos comprometemos de fato com aquilo. Longe de mim, lá na frente, me frustrar com as minhas decisões do passado, não quero falhar comigo mesmo, por isso, faço combinados para o futuro.

Depois de escrever aquela carta para a minha esposa – noiva na época –, da qual falei lá no início, segui mantendo o hábito de escrever cartas para o futuro. Desde que Julieta nasceu, comecei a fazer vídeos, com a Gryma, para as nossas filhas assistirem mais tarde. Ainda não sei quando vou apresentar os vídeos a elas, mas faço questão de contar e mostrar para as nossas meninas toda a nossa trajetória. Tenho certeza de que elas vão se orgulhar de ver tudo isso e vão gostar de ter essas memórias e mensagens guardadas.

COMO ESCREVER O FUTURO DO SEU NEGÓCIO

Já vi muita empresa crescer rapidamente, mas não continuar porque só focou a velocidade. Não adianta criar um negócio só para crescer rápido, sem pensar em qualidade e em longevidade. Se você durar cinquenta anos, por exemplo, garanto que, lá adiante, não vai estar vendendo a mesma coisa que vende hoje. O seu produto será outro. O seu modelo de negócio será outro. As pessoas provavelmente serão outras. Mas algumas coisas vão se manter na raiz, no *core*, e vão garantir a longevidade do seu negócio: a cultura, a missão, o propósito e o objetivo de quem fundou a empresa, que, aliás, é de onde vem a cultura.

A Samsung, por exemplo, começou vendendo peixes. A 3M iniciou vendendo bigornas. Essas empresas existem até hoje porque têm a cultura de olhar para o mercado e atender às necessidades dele e não às próprias. Sacou?

Todo mundo que cria um negócio tem o sonho de que ele cresça e dure para sempre. Entretanto, sabemos que são poucas as empresas que conseguem essa façanha. Como sou um otimista incorrigível, sei de três elementos que ajudam muito na missão de levar o negócio ao nível da longevidade, os quais faço questão de partilhar com você:

- **Confiança**: só se faz negócio hoje se houver confiança entre as partes. Se alguém está fazendo negócios com a sua empresa é porque confia em você e no seu produto. Essa é a primeira camada do relacionamento de todo o negócio. Com ela, você consegue vender bastante e ganhar velocidade. Tem muita gente que para por aqui, contentando-se em gerar confiança para que os clientes comprem, mas ainda existem outros dois níveis.
- **Admiração**: marcas e pessoas que extrapolam a relação da confiança e transitam pelo ambiente da admiração passam a liderar pessoas. Só lidera quem é admirável, quem faz os outros entenderem a própria visão para depois liderar e ser seguido por elas. O franqueador deve ser esse líder.
- **Paixão**: em terceiro lugar vem a paixão. Um exercício muito legal é pensar em como fazer a marca que estamos criando e o que fazemos no dia a dia impactar as pessoas nesse nível, de se apaixonarem pelo sonho pelo qual nos apaixonamos. Quando chegamos a esse nível, conseguimos ultrapassar qualquer barreira de tempo, além de poder fazer o que quisermos em relação aos produtos, porque não é por eles que as pessoas vão seguir a nossa marca.

Neste momento, tomei a liberdade de escrever uma carta para o futuro com o objetivo de que você, meu leitor e empreendedor, leia agora ou daqui a alguns anos, como preferir e como a sua curiosidade aguentar.

CARTA PARA O FUTURO

Remetente: *Raphael Mattos*
Destinatário: *Você*

Tenho certeza de que você está dando o seu melhor diariamente, construindo uma marca e um legado para a sua família. Por muito tempo, você não sabia como sair da operação, achava lindo quando alguém falava da importância de delegar e de ter planejamento estratégico, mas não conseguia aplicar essa teoria no seu negócio de jeito nenhum.

Você sabia que tinha uma boa ideia nas mãos, mas a sua marca ficou estacionada por muitos anos vendo a vizinhança crescer ao redor. Era tanto trabalho, tanta coisa para controlar, que não dava tempo de se aprimorar, de conhecer outras formas de fazer as coisas, de pesquisar novidades e tendências. A inovação passava longe do seu negócio.

Foi assim por um longo tempo, até que um dia você recebeu o convite para palestrar sobre empreendedorismo e pequenos negócios para uma turma universitária. Foi só naquele instante que percebeu que aquilo que estava vivendo até então não era o seu porquê. Não foi assim que imaginou o seu sonho sendo realizado.

Recusou o convite da universidade, mas decidiu escrever uma nova história a partir daquele momento. Ainda daria palestras, mas contando outro desfecho, um caminho com mais conquistas, mais trocas e mais energia. Uma trajetória de sucesso da qual poderia se orgulhar e que pudesse inspirar outras pessoas.

Você pegou emprestada a disciplina de um atleta e resgatou aquela coragem que fez você abrir o seu negócio lá atrás. Estudou, fez mentorias com experts no assunto e se abriu para novas possibilidades. No processo, percebeu que escalar era a única maneira de crescer e de continuar no mercado. Nada de sobreviver, o que você queria era fazer a diferença. Você viu que, para isso, a franquia era o caminho para crescer com qualidade, velocidade e menos riscos.

Foi aí que, enfim, você saiu do operacional e se tornou um empreendedor, um gestor estratégico. Com o tempo, foi agregando aos serviços que já oferecia, melhorou a experiência dos seus clientes com a sua marca, construiu uma cultura forte na sua empresa, finalmente decidiu ter um sócio, que aumentou os resultados, sem esquecer do acordo de acionistas devidamente assinado.

Mesmo que o seu negócio não tenha nascido assim, você decidiu que se tornaria uma franquia para crescer e escalar os seus sonhos. Afinal, tinha uma palestra para dar. Pouco a pouco, a sua empresa virou escola, você se transformou no líder que sempre quis ter tido.

Está implantando a governança corporativa aos poucos, aplicou todos os pontos da economia de escala, aprendeu a vender futuro para as principais pessoas da sua vida e hoje está vivendo todos os porquês que definiu para si mesmo. Mesmo sem se dar conta, você evoluiu tanto!

Você está prontíssimo para palestrar, mas desconfio de que o tema mudará para "Empreendedorismo e grandes negócios". Combina melhor, não acha?

Agora, vá resgatar os seus projetos e fazer acontecer! Afinal, de sonhos guardados, as gavetas do mundo já estão bem cheias. O universo precisa do que você tem aí.

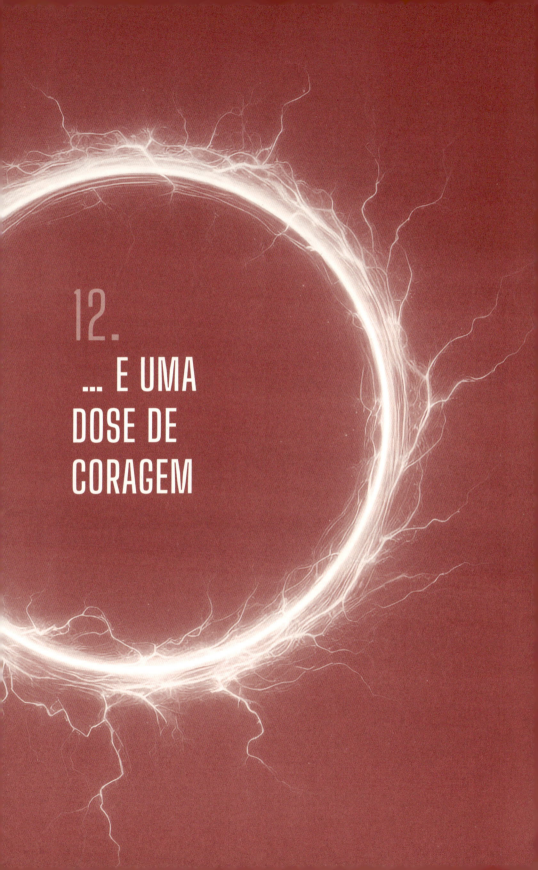

12.
... E UMA DOSE DE CORAGEM

Tudo começa com um sonho e uma dose de coragem.

Sou um apaixonado pelo franchising porque descobri, desde cedo, que ele é muito mais do que um canal de vendas e vai muito além de um sistema formado por franqueador e franqueado. O franchising é um negócio de realizar sonhos. Nada poderia combinar mais perfeitamente com o meu propósito de vida.

Como a franquia realiza sonhos, afinal? O franqueador tem o sonho, cria a marca, coloca o coração e as esperanças nela e, por meio das franquias, consegue escalar o sonho mais rapidamente. O franqueado, por sua vez, recebe todo o aval de marca, processos e suporte para começar o negócio com mais segurança, realizando o sonho da independência financeira e unindo a missão de vida à missão do negócio que escolheu tocar.

TUDO COMEÇA COM UM SONHO.

Essa frase virou um mantra aqui na empresa e na minha vida. Como ela não se basta sozinha, criei uma continuação:

E UMA DOSE DE CORAGEM.

Não adianta só ficar no campo do sonho e da ideia, é preciso agir para realizar qualquer sonho ou projeto. Garanto que, se você puxar da memória agora os melhores momentos da sua vida, vão surgir aqueles sonhos realizados com todas as doses de superação que eles exigiram. Use esses momentos como força e combustível para a sua vida.

É PRECISO TER CORAGEM

O empreendedor costuma ter dificuldade de enxergar como pode correr contra todas as estatísticas negativas e buscar o próprio fortalecimento. Muitas vezes, ele nem sabe que deve fazer tudo isso. Para conseguir se reinventar, você precisa ativar três pontos cruciais: visão, coragem e compromisso.

Visão para saber qual é o negócio e qual é o cenário, além de ter consciência do próprio papel dentro dele. Coragem de agir, mesmo que a concha não seja do seu tamanho, como a do caranguejo-ermitão. Como não basta ter coragem, é preciso ativar o compromisso de ir até o fim.

ENCORAJE A SUA CORAGEM CONSCIENTE.

Muitas vezes, você precisa treinar a sua coragem consciente. Isso torna você uma pessoa mais encorajada e segura. Se fosse o caranguejo-ermitão, como você treinaria a sua coragem? Buscando a exposição para ir em direção ao desconforto? Porque coragem é sair da zona de conforto e entender que o crescimento está fora dela. Simples assim? Nem sempre e nem tanto.

Como se faz isso? Beirando o desconforto. Houve momentos em que precisei entender qual era o limite da minha zona de conforto. Hoje percebo que, quanto mais faço isso, mais eu cresço, mais eu me transformo e me aproximo do que desejo ser.

Saiba que a coragem nasceu covarde. Então, é natural do ser humano sentir medo e paralisar, porque o nosso cérebro primitivo quer que fiquemos na zona de conforto, usando isso como um mecanismo de defesa que já foi muito útil nos primórdios. Por isso, em situações desconhecidas e ameaçadoras, tendemos a congelar. Sabendo que a coragem nasceu covarde, temos de exercitá-la e treiná-la diariamente.

FRACASSO É MANTER A VIDA SEM CORAGEM.

OS 3 CS DA CORAGEM

Dentro dos três pontos – visão, coragem e compromisso –, a coragem é, de longe, o mais imprescindível. Tanto é que não me contentei e criei os três Cs da coragem:

1. **Coragem para começar.**
2. **Coragem para cessar.**
3. **Coragem para crescer.**

O primeiro C é o da coragem para começar. Ela vem do instinto de realizar algo novo, daquela afobação típica do início de um sonho. É mágica, mas costuma ignorar riscos, dificuldades, custos e opiniões dos outros. Essa coragem para dar o primeiro passo e empreender é extremamente desafiadora, porque exige quebrar "algemas" e grandes crenças e ir contra muita gente. Tanto é que muitas pessoas vivem a vida toda sem acessar essa coragem específica. Ela é uma das mais importantes porque, uma vez que você faz isso, ganha uma capa de superpoder invisível, começa a perceber que não era aquilo que imaginava. O medo, muitas vezes, é desconhecido e vem das preocupações.

O receio é dos *outcomes* negativos. Se a gente se alimenta de consequências ruins, ou seja, das preocupações da nossa mente, deixamos o medo do que pode dar errado ficar maior do que as chances do que pode dar certo, e aí travamos. Passamos o dia inteiro pensando em milhares de coisas negativas. E quantas delas realmente acontecem? Menos de 1%, uma minoria ínfima.

Passamos muito tempo ocupando a nossa mente com preocupações que nunca vão acontecer. Quando paramos para entender isso friamente, percebemos que uma coisa é o nosso corpo fazer isso de forma primitiva para nos dar segurança, para não tomarmos decisões arriscadas; outra coisa é não entender que boa parte dessas decisões que não tomamos não é de vida ou morte e, pelo contrário, faz a gente crescer. Quando não tomamos essas decisões, acabamos ficando na zona mais perigosa possível, que é a da estagnação.

O segundo C é o da coragem de cessar. Cessar é terminar, dar um basta. Muitas vezes, para você começar e falar "sim" para alguma coisa, deve dizer "não" para outras. Então, a coragem de cessar acontece, muitas vezes, em conjunto com a coragem para começar, mas nem sempre, porque quando você já começou algo, já se lançou, o cessar pode vir depois. Quando existe autopercepção, autoconhecimento e conhecimento do ambiente, as pessoas que estão ao seu redor podem não ser as que vão ajudar você a chegar ao próximo nível. Às vezes, é alguém da sua família, algum amigo, o seu companheiro ou a sua companheira e você não tem coragem de terminar essa relação abusiva. Outras vezes, é o seu sócio – que é uma âncora na sociedade –, um funcionário que você contratou e que é um problema para a empresa.

Essa coragem exige, muitas vezes, cessar uma atividade que representa uma zona de conforto, faz você se sentir útil, se sentir bem, mas na prática não agrega mais, é altamente delegável, poderia ser tranquilamente substituída por outra, muito mais produtiva. Então, o ato de cessar, dizer "não", terminar, fechar ciclos, é muito importante. Costumo dizer que insistir é diferente de persistir, porque insistir é continuar a fazer a mesma coisa e esperar resultados diferentes; persistir é buscar novas formas de gerar um resultado, um objetivo que você quer alcançar. Então, coragem é persistir e entender que, se você está insistindo em algo, é melhor ser humilde, reconhecer e cessar enquanto há tempo para seguir adiante.

O último C é o da coragem para crescer. Tem que ter coragem para crescer! Parece estranho, afinal podemos pensar que todo mundo quer crescer, mas isso não é verdade. Boa parte das pessoas que vão ler este livro, neste exato momento, está confortável. Confortável até demais. E o pior lugar em que podemos estar é a zona de conforto, porque ela não traz crescimento.

É comum falar que, no processo de escalada de uma montanha – e o processo de crescer uma empresa é como se a pessoa estivesse em uma escalada infinita de montanhas –, você tem que buscar sempre o novo topo da montanha. Enquanto alguns estão buscando os novos topos da montanha, tem gente que chegou a um topo (um platô) e disse: "Vou fazer uma barraquinha aqui, estou bem, não quero mais correr atrás de montanha. Dói, é ruim, é chato".

Todo crescimento gera dor, a famosa dor do crescimento. Tudo o que o empreendedor passa, em cada nível de crescimento do negócio, é comum e faz parte do processo. Parar antes de alguns obstáculos porque já doeu demais é a pior escolha que você pode fazer. Não existe platô, e sim um declínio de longo prazo pelo qual toda empresa vai passar. Então, quem já está acomodado, já montou uma barraquinha, já está com uma cidade feita, cultivando o plantio, não tem mais coragem de crescer.

Esse é o momento divisor de águas. É bater no peito e falar: "Preciso ter a coragem de subir um novo topo, uma nova montanha, correr atrás desse novo desafio que só vou descobrir o que é, de fato, lá na frente. A nova habilidade que vou ter que adquirir – que vai ser desconfortável –, um novo projeto em que vou ter que me envolver – que não vai ser fácil". É um novo *game*, possivelmente com novos *players* para administrar. Esta é a coragem que eu mais amo, a coragem para crescer.

Então, se estamos todos com a mesma visão de que coragem é fundamental, vamos brindar com os 3 Cs da coragem. Independentemente da fase da vida em que esteja, se você se munir dela, conseguirá escalar o seu sonho muito mais rapidamente e do jeito certo desde o início, com a mentalidade de franquia. Já consigo enxergar você lá na frente, eletrizando o mundo com o seu sucesso. Só vai!

ENCONTRO VOCÊ POR AQUI

Achou que eu ia me despedir e era isso? Engano seu. Vou dizer a mesma coisa que eu disse para o Micheas Tomás: não vou largar você, criatura! Você não está sozinho para escalar o seu negócio. Estarei sempre aqui, pronto para ajudar nessa missão, afinal é uma das mais lindas da vida: fazer o seu sonho crescer e impactar positivamente as pessoas à sua volta. Vamos juntos!

Se quiser saber o caminho para me encontrar, acesse o meu site. Se quiser ter conteúdos diários do universo de franquia e branding, me siga no Instagram. No meu canal no YouTube, compartilho várias dicas de franquias interessantes para os inscritos.

Site: www.oraphaelmattos.com.br
Instagram: @raphaeldmattos
YouTube: https://www.youtube.com/@RaphaelMattosRM

Se você precisar das minhas soluções – consultorias, mentorias, imersões, treinamentos e palestras –, não hesite em falar comigo.
Nos vemos por aqui e por aí! Conte comigo!

Este livro foi impresso pela Edições Loyola em papel lux cream 70 g/m² em junho de 2024.